KB273119

일의 경로를 <u>재탐색</u> 합니다

한 그루의 나무가 모여 푸른 숲을 이루듯이
청림의 책들은 삶을 풍요롭게 합니다.

일의 경로를 재탐색 합니다

전혜영 지음

청림출판

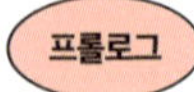

멈춘 시간을 내 편으로 만드는 법

'회사를 다니지 않아도 다른 일을 할 기회가 존재할까?'

'다시 일할 수 있을까?'

10년 넘게 쌓아온 커리어를 내려놓으면서 공허감과 실패감이 몰려왔을 때, 전업주부가 되어 아이를 돌보면서 '나'라는 이름이 점점 희미해져 가는 그 시간은 너무나 길고 막막했다. 그리고 5년 후, 일에 대한 열정을 지지하고 마음을 이해해주는 주변 사람들의 손짓과 응원으로 나는 다시 사회에 나올 수 있었다. 비슷한 경험과 고민을 가진 경력보유여성들과 연결되면서 구체적으로 일을 고민하고 새로 도전할 힘을 얻었다.

그들과 함께 책을 읽고 이야기 나누며 서로 응원하는 동안 여러 변화가 일어났다. 우리에게 필요한 것은 경력 공백을 지우고 빨리 성공하는 법이 아니라 함께 공감하는 누군가와 '연결'되고 다시 시작하는 '용기'였다. 완벽한 계획이 아니라 오늘 실천할 수 있는 한 가지 일, 그 여정을 함께 걸어갈 동료만으로 충분했다.

"경력 공백은 결핍이 아니라 고유한 자기 탐색과 발견의 시간이다." 이 책에서 전하고 싶은 메시지는 '경험의 자산화'다. 10년의 직장 생활, 아이를 키운 시간, 위기를 극복한 과정, 취미로 쌓은 지식…. 이 모든 경험이 나만의 자산이 되었다. 나의 경험과 함께 각자의 경험을 '고유한 자산'으로 삼아 인생의 변곡점에서 새로운 길을 연 사람들(레퍼런서®[★])의 이야기를 이 책에 담았다.

경력 사다리가 끊기며 마주한 벽 앞에서 문을 내고, 원

★ 참조를 뜻하는 영어 단어 'reference'에 '~하는 사람'을 뜻하는 접미사 '-er'을 붙여 만든 신조어로, 상표권을 소유하고 있다. 커뮤니티 '창고살롱'에서는 일과 삶의 변곡점에서 자기만의 결정을 내려본 경험이 있는 브랜드 타깃을 '레퍼런서Referencer'라고 부른다. 이 책에서는 레퍼런서®라고 표기한다.

래 없던 길을 뚜벅뚜벅 걷기를 멈추지 않을 수 있던 원동력은 레퍼런서®의 존재 자체였다. 저마다 자신만의 서사를 만들어가는 그녀들에게 크게 빚졌다.

이 책은 화려한 성공 스토리나 비법서가 아니다. 다시 일을 시작한 사람에 대한 이야기이자 새로운 길을 만들어가는 과정에서 만나 영감과 좋은 영향을 주고받은 레퍼런서®에 대한 내러티브다. 자신만의 브랜드를 만드는 이야기, 완벽하지 않아도 첫발을 내딛은 용기의 기록, 그리고 지속 가능한 일의 여정을 담았다.

이 책의 구성은 직장 퇴사 이후 일과 삶을 다시 세워간 여정을 네 부분으로 나누어 안내한다. 먼저 1부에서는 일의 멈춤에 대한 의미를 재정의한다. 머물러 생각하면 다르게 보인다. 의미 있는 발견을 통해 다시 시작할 에너지를 어떻게 얻을 수 있었는지 이야기하고자 한다. 2부에서는 사람을 통한 연결과 팀업*team up*으로 새로운 일을 시작한 에피소드를 소개한다. 작은 시도만으로도 누군가와 함께 리부트할 수 있다는 영감을 얻을 수 있을 것이다. 3부에서는 다양한 레퍼런서®들의 서사를 담았다. 그녀들과 주고받은 대화에서 나의 길이 확장되고 계속 나아갈 용기를 얻었다. 마지막으로 4부에서는 지속 가능한 일과 삶을 디자인하기 좋은 레퍼런스가 될 수 있는 몸·마음·관계 등에 관한 리셋 경험담을 정리했다.

책이 나오기까지 여러 해가 지났다. 처음에 책 출간을 제안한 고마운 편집자 Y 님은 이제 막 직장 생활을 시작한 신입이었다. 더랩에이치 대표인 김호 작가가 쓴 《동아일보》 칼럼의 인터뷰와 콘텐츠 플랫폼 브런치에 연재된 내 글을 보고 연락을 해 왔다. 그녀는 앞으로 출판계에서 '여성의 일'이라는 키워드가 화두가 될 거라고 예상했다. 단행본 출간 제안은 생각지 못한 감사한 기회였다.

출판 계약서에 사인을 하고 얼마 되지 않아 갑자기 온 가족이 해외로 이주하게 되었다. 나의 퇴사 결정만큼이나 의외인 삶의 여정이었다. 그렇게 탈고 일정이 2년 뒤로 미루어졌다. 그리고 한국으로 돌아와 2년 반이라는 시간이 더 지났다.

이슬아 작가는 "일 못 한 고통에서 벗어나는 방법은 하나뿐. 다시 하는 것"이라고 했다. 나는 '매일 조금씩'이라는, 이토록 단순한 반복이 도무지 쉽지 않은 사람이라 스스로 데드라인을 정해두고 편집자에게 조각조각 원고를 송부했다. 초고를 완성한 이후에도 전체 순서와 구성을 세 번 다시 고쳐 썼다. 그동안 나의 첫 담당 편집자는 이직을 했고 새로 합류한 편집자와 출간 작업을 마무리했다. 그녀 또한 매번 '나의 일'이라고 공손하고 겸손하게 화답하며 이 지난한 과정을 응원했다. 많은 출판인에게 민폐 캐릭터가 된 것 같아 포기하고 싶은 적이 한두 번이 아니었다. 내가 쓴 글이 한 권의 책으로 세상에 소개될 수 있는 것은 모두 그녀들 덕분이다.

마음을 캐는 사람, 마인드 마이너*Mind Miner*로 활동하는 송길영 박사는 《시대예보: 핵개인의 시대》(교보문고, 2023)에서 이 시대의 가장 경쟁력 있는 상품은 '서사*narrative*'라고 정의한다. 그의 말처럼 성장과 좌절을 경험하며 누적해온 기록은 유일무이한 자신만의 서사다. 서사는 나무의 나이

테처럼 급조되지 않고 오직 시간과 진정성으로 만들어진
다. 이 책에 등장하는 많은 레퍼런서® 서사가 당신에게도
좋은 영감이 되기를 바란다.

마케팅의 구루인 세스 고딘은 "포기할 만한 배짱이 없는
일들로 분주할 때 우리는 실패한다"라고 말했다. 나는 배짱
이 있어서가 아니라 더 이상 세상의 속도와 조직의 과제로
분주할 수 없고 돌봄에 집중해야만 하는 삶의 어느 구간에
서 뜻밖에 다시 시작할 기회를 얻었다. 정답이라 생각했던
정해진 길에서 이탈한 이후 나만의 길을 탐색하기 시작한
셈이다. 자신의 속도와 방식으로 자신만의 길을 만들어갈
당신에게 이토록 사적이고 작은 이야기가 용기가 될 수 있
기를 진심으로 기대한다.

차례

프롤로그 멈춘 시간을 내 편으로 만드는 법   **4**

1부 / 나를 다시 설계하다
삶의 기획자로서 홀로서기

1장 커리어의 종말   **21**

일에서의 성취, 육아에서의 혼란 | '엄마'의 무게를 느끼다 | 커리어를 포기할 결심

2장 돌봄의 의미를 찾은 전업주부의 시간   **29**

그렇게 내 이름은 사라졌다 | 나를 움직인 돌봄의 힘 | 증명할 수 없는 숫자 너머의 가치

3장 **공백의 시간은 전환의 기회로**   **36**

소소한 것부터 배우다 | 작은 시도와 실패에서 얻은 자신감 | 낯선 도시에서 나만의 속도를 발견하다 | 다른 길을 위한 단단한 통로

4장 **사람을 통한 관계의 재발견**   **44**

다시 세상과 연결되다 | "나에게 일은 어떤 의미인가요?" | 인생의 키맨이 되어준 한 사람 | 태도가 좋은 사람에게 기회가 온다

2부

작은 시도로 리부트하다
느슨한 연대와 네트워크 모임의 가능성

5장 **사이드 프로젝트의 힘**   **55**

'여성과 일 북클럽'을 만들다 | 일단 시작하면 된다 | 열정은 연결로, 관계는 성장으로

6장 롤모델이 아닌 레퍼런스 61

'일 vs. 가정'의 제로섬 게임 | 롤모델이 무의미한 시대

7장 Z세대와 일하는 방식을 배우다 67

여성의 일에 대한 책을 만들다 | 솔직한 소통에 정답이 있다

8장 여성과 일을 위한 작당 모의 75

일의 의미를 다시 생각하다 | 커피챗의 놀라운 실행력 | 예상하지 못한 벽과 온라인이라는 문

9장 창업으로 가는 길 83

"새 술은 새 부대에 담아야 한다" | 레퍼런스에서 가능성을 보다 | 창고살롱의 탄생

10장 나의 서사가 레퍼런스가 되는 곳 92

경험과 지식을 공유하는 대화의 장 | 개인의 서사에 공명하기

11장   지속 가능한 일을 위한 새로운 고민   100

세 번의 퇴사에서 깨달은 교훈 | 여전히 여성이 일하기
힘든 사회 | 완벽한 경로는 없다

3부

나의 길을 확장하다
자기만의 일로 독립한 레퍼런서®들의 이야기

12장   우연히 시작한 1인 브랜드   113

좋아하는 일을 업으로 삼다 | 안전한 먹거리를 직접 만
들다

13장   자기 발견을 위한 탐색의 시간   120

육아와 함께 자신을 돌보다 | 변화를 위한 멈춤

14장   삶의 의미를 찾아준 새벽 저널링   127

새벽마다 워룸에서 인생을 고민하다 | 사랑 vs. 두려움,
무엇을 선택할 것인가

15장 **고정관념에 도전장을 내밀다** 134

일단 써보자는 마음의 힘 | 역할 전환을 실험하다

16장 **30년 지기 친구에게 배운 성실함의 지혜** 139

일을 계속할 수 있는 원동력 | 영역 밖으로 세계를 확장
하다 | 모든 여성에게는 자기만의 시간이 필요하다

17장 **창고살롱 제2막을 가능하게 한 인연들** 147

무용하게 지나가는 시간은 없다 | 소모임 살롱 개설을
권하다

18장 **선배에서 언니가 된 유능한 여성들** 156

동경의 대상에서 회사 밖 동료로 | 나를 살린 그녀의 한
마디

19장 **하노이에서 만난 레퍼런서®** 163

크로스핏이 만들어준 인연 | 음식과 책, 그리고 새로운
비즈니스

20장   **커뮤니티 비즈니스의 한계를 넘어서**   **173**

"돈으로 친구를 샀다" | 더 넓은 관계로 확장하기

21장   **6개월간의 헤드헌터 실험기**   **183**

일을 연결하는 '일'의 가능성 | 실패 속에서 새로운 전략을 찾다

4부 / 지속 가능한 일과 삶을 디자인하다
변화와 시도를 이끌어내는 마인드셋

22장   **몸부터 움직여라**   **195**

건강한 루틴의 첫걸음, 운동 | 거창한 목표는 필요없다 | 체력이 있어야 버티고 지속할 수 있다

23장   **마음의 회복탄력성 키우기**   **204**

모든 일에 감사할 것 | 함께여서 든든한 사람들 | 절망의 순간에도 감사할 수 있는 이유 | 번아웃과 셀프 러브

24장 | **함께 버틸 수 있는 관계를 설계하라** | **217**

신뢰의 구조부터 점검하기 | 자발적 실행과 리더십 | 함께 일하며 성장하기

25장 | **속도를 늦출 용기를 가져라** | **227**

속도는 능력이 아니다 | 기다림도 전략이다 | 화제가 되기보다는 신뢰부터 쌓기

26장 | **오늘 가능한 선택에 집중하라** | **235**

완벽하지 않아도 일단 시작하기 | 솔직한 대화를 이끌어내는 법 | 정답주의에서 벗어나 수정주의로 사고하기

27장 | **열심과 진심은 실력으로 이어진다** | **244**

독서하며 다시 공부를 시작하다 | 꾸준함은 재능보다 세다 | 실력은 현실에서 성과로 나타난다 | 나만의 슈퍼파워를 찾아라

28장 **나만의 이야기로 브랜딩하라** 254

스펙보다는 서사가 중요하다 | 나만의 스토리로 기회를 만들다 | 사업 가능한 브랜드로 만들기 위한 질문

29장 **지속할 수 있는 속도를 디자인하라** 267

어떤 기준으로 방향을 설정할 것인가 | 힘 빼기의 통찰

에필로그 다음 챕터의 시작을 앞두고 274

1부

나를 다시 설계하다

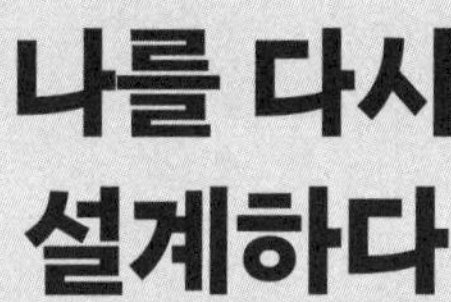

삶의 기획자로서 홀로서기

1장

커리어의 종말

일에서의 성취,
육아에서의 혼란

회사에서 나는 늘 신나고 에너지 넘치는 사람이었다. 일에서 얻는 성취를 삶의 보람으로 여기는 야망 있는 20대였다. 삼성전자에 입사한 후 신입사원 연수를 마치고 배치된 총괄 재무팀 동기 중 여성은 나 혼자였다. 유일한 여성 신입으로서 가끔 당황스러운 일도 경험했지만, 부서 선배들과 동료들의 배려 덕분에 차별을 느낀 적은 많지 않았다. 다양한 업무를 해볼 수 있는 기회가 주어졌고, 일을 통해 성장하는 방법을 차근차근 배워나갔다.

큰 회사에서 일하다 보면 종종 생각지 못한 경험과 기회를 만나기도 한다. 삼성미술관 리움이 개관할 무렵 삼성문화재단 부속실에서 1년 동안 파견 근무를 한 적이 있다. 여기서 경험한 일은 재무팀이나 이후 브랜드 전략을 맡으며 쌓은 커리어와는 여러모로 달랐다. 특히 관장님과 부관장님을 보좌하는 일을 통해 여성 리더를 가까이에서 보며 그들의 판단과 생각 등 리더십을 생생하게 배울 수 있었다. 보고서에 정리된 텍스트 너머 여러 상황과 관계, 맥락을 이해하고 살피며 중요한 의사 결정을 내리는 모습이 인상적이었다.

원래 일하던 팀으로 복귀한 다음에는 재무에서 마케팅으로 직무를 바꾸었다. 글로벌마케팅실(GMO)에는 사내 어떤 부서보다도 여성 리더가 많은 편이었다. 그들과 함께 일하며 커리어 롤모델을 만날 수 있었다. 회사는 더 넓은 글로벌 무대에서 다양한 일에 도전할 수 있는 기회를 주었고, 나는 반짝이는 경험을 만들어가며 성장할 수 있었다.

그러나 임신과 출산은 내 삶을 송두리째 바꿔놓았다. 결혼을 결심했을 때는 미처 생각지 못한 삶의 변화가 찾아왔다. 임신했을 때 입덧이 심했지만, 새로 부임한 여성 리더가 배려하고 이해해준 덕분에 해외 연수에서 배제되지 않았다. 그때만 해도 '출산이 커리어를 쌓는 데 장애물이 되지는 않겠구나'라는 믿음이 있었다. 하지만 잠깐의 위안이었을 뿐, 첫째 아이가 태어나고 엄마가 된 다음에는 모든 것이 달라졌다. 회사에서 인정받던 커리어우먼의 삶과 엄마로서의 삶은 결코 양립하기 어려운 두 세계였다.

첫째 아이를 키우며 친정 부모님께 많은 도움을 받았다. 하지만 아이를 돌보느라 피곤한 기색이 역력한 친정 엄마를 볼 때마다 미안함이 쌓였다. 남편은 늘 가족과 함께하는 시간이 중요하다고 강조했다. "엄마와 함께하는 시간을 충분히 보내지 못하는 아이가 불쌍하다"라는 그의 말은 매번 갈등의 원인이 되었고 나의 가슴에 깊은 상처로 남았다. 나는 회사에서도 최선을 다했고 집에서도 최선을 다하려 했지만 그럴수록 내면에는 억울함과 무력감이 쌓여갔다. 그렇게 에너지 총량에 한계가 있음을 실감했다.

애써 버텨오던 일과 가정의 균형은 둘째 아이가 태어나면서 완전히 무너졌다. 글로벌 브랜드 전략이라는 일의 특성 때문에 시차에 맞춘 늦은 밤 회의 진행과 잦은 해외 출장을 이어갔다. 동시에 엄마로서 두 아이를 돌보는 일도 챙겨야 했다. 일과 돌봄 그 어느 쪽도 성에 찰 만큼 만족스러울 수 없었다. 둘 다 완벽하게 해낼 수 없다는 걸 알면서도 현실을 쉽게 인정하고 내려놓지 못했다. 그래서 일 외에 소모하는 부차적인 시간을 줄였다. 동료들과의 스몰토크, 남편과의 데이트, 아이와의 교감 등에 중요한 시간이 점점 사라졌다. 마치 미하엘 엔데의 《모모》에 등장하는 시간 도둑인 '회색 신사'에게 설득당한 모양새였다. 나는 매 순간을 온전히 느끼며 진정 중요한 것에 마음을 쏟는 시간을 잃어가고 있었다. 삶에서 온기가 빠져나가는 느낌이었다.

'엄마'의 무게를 느끼다

둘째 아이 육아휴직이 끝나가자 복직을 준비했다. 이번에는 아이 돌보는 시간을 확보하기 위해 더 철저히 대비했다. 입주 도우미를 고용했고, 친정 부모님께는 첫째 아이의 유치원 등·하원을 부탁했다. 모든 시스템 세팅을 마치고 출근했다고 생각했지만, 예상하지 못한 문제가 터졌다. 첫째 아이가 유치원 하원 후에 입주 도우미와 함께 지내는 일상을 거부한 것이다. 외할머니와 함께 있어야 마음이 편한 첫째 아이는 늘 외할머니 댁으로 향했고, 둘째 아이만 덩그러니 집에서 온종일 도우미와 시간을 보냈다. 친정 부모님은 아직 말도 못하는 둘째 아이를 남의 손에 맡긴 일에 마음이 불편했고, 나 역시 안심할 수 없었다.

두 아이, 가족과 함께 보내는 시간을 늘리려 노력했지만 일과 가정 사이의 균형은 좀처럼 안정되지 않았다. 그러던 어느 날, 첫째 아이가 유치원에서 "우리 엄마는 다시 회사에 갔어요. 그런데 나는 괜찮아요. 할머니랑 놀면 돼요"라는 말을 하루 종일 반복했다는 이야기를 들었다. 나는 아이 상태가 걱정되었다. 상담 센터를 찾았고, 아이는 풀배터리 검사(종합 심리검사)와 면담을 했다. 상담 선생님은 이렇게 말했다.

"엄마가 휴직하는 중에는 아이에게 엄마의 사랑이 '콸콸

콸' 흘러넘쳤어요. 그렇게 흐르던 사랑이 복직 후에는 '똑, 똑, 똑' 흐르는 것처럼 제한적으로 느껴졌을 거예요. 엄마와 함께하는 시간의 양이 극적으로 줄어들면서 아이가 그 변화를 혼란스러워하는 겁니다."

이 말을 듣는 순간 숨이 막혔다. 아이에게 필요한 것은 '엄마'라는 대체 불가능한 존재였고 나는 그 자리를 채워주지 못하고 있었다. 그제야 '엄마'라는 자리의 무게가 크게 다가왔다. 일에 대한 성취와 열정이 신기루처럼 사치로 느껴졌다. 회사에서 일하는 나보다 아이 곁에 있는 내가 지금은 더 중요하다는 사실을 인정해야 했다.

커리어를 포기할 결심

그럼에도 불구하고, 차가운 이성으로 주변을 살피고 돌아봤다면 아마 다른 선택지를 찾을 수도 있었을 것이다. 더 객관적으로 위기 상황을 바라보고 남편이나 주변 동료, 선후배와 의논했다면 다른 길도 있었을지 모르겠다고 생각한 건 퇴사하고 한참 시간이 흐른 뒤였다. 당시 나는 이미 지쳐 있었다. 마음속에는 자책감만 가득했고, 더 이상 버틸 힘이 없었다.

'나만 포기하면 돼.'

'엄마가 필요한 아이'라는 상담 선생님의 음성이 주말 내내 머릿속을 가득 채웠다. 나는 회사에 사표를 냈다. 10년 넘게 이어온 글로벌 브랜드 전략가로서의 경력은 그렇게 끝났다.

퇴직 의사를 밝히고 부사장님과 면담하던 날, 사표를 든 손끝이 떨렸다. 사원증과 노트북을 반납하는 순간 나도 함께 반납되는 기분이었다. 내 이름을 대신하던 부서와 직급이 사라지자 나는 덩그러니 홀로 남았다. 회사와 명함으로 대변되던 커리어는 멈췄고, 엄마라는 역할만 남았다. 그 순간 나는 진심으로 절망하며 자포자기했다. 다음 커리어를 상상하기도 어려웠다. 사표를 낸 다음 날 아침, 나는 출근하는 대신 아이를 어린이집에 데려다주었다. 평일 오전의 햇살이 그렇게 낯설 줄 몰랐다. 회사 메신저 알림 대신 정적이 울렸다. 이제 나는 사회에서 한 발짝 비켜나 있었다.

나는 다시 일할 자신도 용기도 없었다. 당시 결심은 선택이 아니라 포기였다. 내 커리어는 그렇게, 돌이킬 수 없는 끝을 맞았다.

2장

돌봄의 의미를 찾은

전업주부의 시간

그렇게 내 이름은 사라졌다

'경력 단절'. 이 단어는 내 인생의 한 시기를 초라하게 만들었다. 하루 종일 두 아이를 돌보는 전업주부로 일상에서 누군가를 만날 때면 명함이 없는 내가 낯설고 자꾸 움츠러들었다. 학교에서는 "○○ 엄마", 마트에서는 "사모님"이라고 불렸다. 내 이름을 불러주는 사람은 부모님과 오랜 친구 몇 명뿐이었다.

옛 직장 동료들은 여전히 남들이 부러워하는 기업에서 멋진 프로젝트를 리드하고 있는데 나만 낙오자가 된 것 같았다. SNS를 보면 내가 도저히 가닿지 못할 영역에 그들의 성취와 성장이 가득했다.

나는 아이들을 키우며 도서관과 마트를 오갔다. 일을 하던 때와 달리 나의 성취를 눈으로 확인할 길이 없었다. 청소를 마치면 금세 어질러지고, 빨래를 개면 다시 옷이 쌓였다. 아침마다 아이들의 등원 준비로 전쟁을 치렀다. 정신없이 아이들을 보내고 텅 빈 집으로 돌아와 부엌 바닥에 주저앉아 자주 울었다. 창문 너머로 보이는 놀이터의 평온함이 내 마음을 더 흔들었다. 오후가 되면 피로감이 몰려왔다.

직장에서는 '과장'이라는 직함이 있었고, 내 노력과 성과를 통해 능력을 인정받았다. 하지만 집에서는 어떤 결과물도 없었다. 살림이나 육아에 대한 누군가의 조언도 곱게 들리지 않았다. 나는 더 이상 내 이름으로 불리지 않았다. 처음으로 '나는 누구인가'라는 질문을 던지기 시작했다.

이 질문은 퇴사 후 몇 년간 내내 이어졌다. 나는 무언가를 잘하고 싶었지만, 동시에 아무것도 시작조차 할 수 없다는 좌절감에 오래 시달렸다. 타인의 기준이나 시선에 맞추려 애쓰기보다, 이제는 내 리듬을 찾고 싶었다. 누군가의 일정표에 따르는 것이 아니라 나만의 속도에 맞춰 하루를 살아가는 법을 배우고 싶었다.

나를 움직인 돌봄의 힘

살림과 육아는 내가 잘하는 일이 아니었다. 요리도, 청소도, 정리도 서툴렀다. 그래도 처음엔 잘해내야 한다는 생각으로 열심히 했다. '프로젝트 관리'처럼 체크리스트를 만들어 아이들과 함께 생활하는 하루하루를 운영하며 육아 프로젝트를 진행했다. 하지만 아이들은 내 계획대로 움직여주지 않았다. 때론 욕구와 감정이 앞서는 아이를 어르고 달래며 긴 기다림의 시간을 인내해야 했다. 내게는 무엇보다 마음의 여유가 필요했다. 그 과정에서 나는 통제보다 '관찰'이, 촘촘한 스케줄보다 시간의 '여백'이 육아에 중요하다는 사실을 배웠다.

전업주부로서의 일상도 조금씩 리듬을 찾았다. 시간표에 맞추기 위해 아이를 재촉하기보다 기다릴 줄 알게 되었고 아이가 넘어져도 바로 손 내밀어 일으켜주지 않았다. 대신 곁을 지키며 그 과정을 함께하고자 했다.

무엇보다 가장 큰 변화는 스스로 몸을 돌보기 시작한 점이었다. 운동을 시작했고, 도서관을 드나들며 아이들 책 외에 내가 읽을 책도 대출했다. 점심을 대충 때우던 습관에서 벗어나 건강한 식재료를 고르고 요리해 나만을 위한 정성스러운 식사를 차렸다. 운동 후 안심스테이크를 굽고 브로콜리를 데치며 플레이팅하는 그 작은 행위들이 나를 회복시켰다. 스스로를 돌보는 일은 거창한 변화가 아니라 일상의 소소한 선택임을 알아갔다.

운동을 하면서 체력을 회복하듯 마음도 조금씩 단단해졌다. 아이들이 성장하면서 손이 덜 가게 되면서부터는 도서관 강좌나 외부 강연에 더 적극적으로 참여하기 시작했다. 처음에는 단순히 무언가를 배우고 싶은 마음 때문이었지만, 어느 순간 '다시 사회로 나가도 될까'라는 생각이 고개를 들었다.

이전에는 아이가 학습하면서 답을 틀릴 때마다 안타까워하며 조바심을 냈지만, 아이 스스로 답을 찾아가는 과정을 응원하며 끈질기게 지켜볼 줄 알게 되었다. 육아 기술이 아니라, 내가 나를 정성스레 대하고 아이를 인격적으로 바라보는 태도의 변화가 찾아왔다.

증명할 수 없는
숫자 너머의 가치

전업주부로 보낸 시간은 나에게 '비효율의 미학'을 가르쳐주었다. 회사에서의 성과는 늘 수치로 측정됐지만, 집안일과 돌봄은 숫자로 증명되지 않는다. 사회적 가치를 중시하는 임팩트 생태계에서는 수치나 객관적 지표로 나타내기 어려운 돌봄과 양육의 가치를 개인의 사정이나 문제로 여기지 않고 모두의 관심과 개선이 필요한 사회문제로 생각하고 관심을 기울인다. 나는 돌봄의 시간을 통과하며 기다림, 인내심, 공감 능력 같은 보이지 않는 자산을 쌓았다.

그 시간은 '일하지 않는 나'를 받아들이도록 나를 훈련했다. 누군가의 일정표나 미팅 참석자 명단에 내 이름이 없다고 해서 내 하루가 의미 없는 건 아니다. 집에서 아이 간식 하나를 준비하거나 그림책을 읽어주거나 학습지를 지도하는 데도 '나의 리듬'이 있었고, 그것이 삶의 템포가 되었다. 청소가 완벽하지 않아도, 아이가 제시간에 숙제를 모두 끝내지 않아도 괜찮았다. 완벽하지 않은 하루 속에서도 나는 여전히 존재했고, 그 자체로 충분했다.

그러던 어느 날, 내 안에서 낯선 자신감이 피어났다. 오랜만에 내 이름으로 이메일을 썼고, 재능 기부를 통해 작은 프로젝트를 맡았다. 이 프로젝트를 진행하면서 오래 묵혀둔 업무 감각이 되살아났다. '나는 여전히 할 수 있는 사람'이라는 자신감이 생겼다. 사람들은 나를 누구의 엄마가 아닌 "○○ 님", "○○ 씨"로 불렀다. 그 사소한 호칭 하나가 내 정체성을 다시 세워주었다.

누군가를 돌보고 소중한 이의 곁에 머문 시간은 'SMART[*]하지 않은 것들의 가치'를 내게 알려주었다. 측정할 수 없고 돈

---

[*] Specific(구체적), Measurable(측정 가능한), Achievable(달성 가능한), Relevant(관련성 있는), Time-bound(시간 제약 있는) 등 다섯 가지 핵심 요소를 의미한다.

으로 환산되지도 않지만 가장 중요한 것들—마음, 관계, 회복력, 그리고 자신을 믿는 힘—의 가치를 배워갔다.

퇴사 후 전업주부로 보낸 5년은 멈춤이 아니라 재정비하고 깨달음을 얻는 성찰의 시간이었다. 돌봄과 쉼, 불안과 배움이 교차하던 그 시간 속에서 나는 내 이름을 있는 그대로의 나로 다시 불러줄 수 있는 내가 되어가고 있었다.

3장

공백의
시간은

전환의
기회로

소소한 것부터 배우다

경력 '단절'이라는 단어는 나 스스로 인생의 어떤 시기를 초라하고 부족하게 바라보도록 만들었다. 커리어 중심 관점에서 보면 일하지 않고 멈춰 있던 '공백' 기간이다. 하지만 나는 그 시간을 공백으로 두기는 싫었다. 멈추지 않기 위해 끊임없이 무언가를 배우고 움직였다. 그렇게 처음 선택한 것이 공부였다. 영어 그림책 독서지도사와 테솔*TESOL* 과정을 준비했고, 지역 영어 도서관과 아이들의 초등학교에 재능기부 봉사활동도 자원했다. 외국에서 한 달 살기 같은 장기 여행 프로젝트도 과감히 실행했다.

누군가에게는 소소한 취미나 자격증 공부일지 몰라도 나에게는 '시도'이자 다시 세상과 연결되는 첫 '실험'이었다. 강의실에 앉아 모르는 사람들과 토론하고 아이디어를 내며 웃는 순간들이 내 안의 생기를 깨웠다. 회사에 있을 때는 목표와 일정에 맞춰 주어진 과제를 수행하며 최선의 성과를 내려는 '참여자' 직장인이었다. 경력 공백 이후의 나는 내 삶의 프로젝트 '기획자'로서 홀로서기 시작했다.

작은 시도와 실패에서
얻은 자신감

영어 그림책 공부는 원래 아이를 위해 선택했지만, 수업 횟수가 늘어날수록 점점 나를 위한 공부가 되었다. 영어 그림책의 문장과 이미지, 작가의 메시지가 나를 사로잡았다. 아이들에게 훌륭한 그림책을 읽어주기 위해 어떤 작가의 작품을 고르면 좋을지 고민하다가 어느 순간 나는 '읽어주는 사람'이 아니라 '배우는 사람'이 되어 있었다. 영어 독서 지도사 자격증 과정과 테솔 수업도 흥미로웠다. 오랜만에 과제와 시험, 성적에 대해 느끼는 기분 좋은 긴장감도 신선 했다.

하지만 아이가 아플 때마다 결석해야 했고, 규정에 없는 예외를 구해야 했다. 수업을 진행하던 교수는 '원칙상 출석 점수를 감점해야 한다'라고 했다. 무얼 바랐던 걸까? 이상 하게 그 말이 마음에 날카롭게 꽂혔다. 회사에서도 학교에 서도, '엄마'인 나는 언제나 예외 상황을 요구해야 했다. 그 억울한 마음이 나를 깨어나게 했다. 아이를 보호하며 돌봄 의 책임을 다해내고야 말겠다던 다짐이 오히려 나를 묶고 있었다는 걸 깨달았다. 사회에서는 타인의 속도와 세상 기 준에 맞춰야 했고, 육아는 또 다른 종류의 무한 러닝머신 같았다.

테솔 과정을 공부하며 나는 나만의 페이스로 나아가도 괜찮다는 사실을 인정했다. 완벽하게 A+ 점수를 받거나 1등을 하지 않아도, 중간에 조금 멈추더라도 배움은 내 안 에 남는다는 걸 알았다. 그 과정은 단순한 자격증 공부가 아니라 '삶을 회복하기 위한 훈련'이었다.

　퇴사 전에는 '시간이 없어서' 공부를 못 했는데 이제는 '시간이 많아도' 집중하기 어려웠다. 하지만 때로는 속도를 조절해야 하는 상황 속에서 오히려 나를 있는 그대로 인정하고 발견하기 시작했다. 배움은 어느새 작은 실험으로 발전했다. 그중 하나는 영어 도서관 스토리텔링 프로그램에 강사와 자원봉사자로 참여하기로 한 것이다. 첫 수업은 엉망이었다. 준비한 자료를 충분히 활동으로 이어가기 힘들었다. 말이 너무 빨랐고 그림책의 그림을 아이들에게 충분히 보여주지 못하고 읽기도 했다. 하지만 프로그램에 참여한 한 아이가 "오늘 들은 이야기, 꼭 기억할게요"라고 말했을 때, 나는 그 한마디로 다음 수업을 준비할 힘을 얻을 수 있었다. 그렇게 작은 실패와 감사한 경험을 거듭하며 내 안의 자신감을 다시 키웠다.

낯선 도시에서
나만의 속도를 발견하다

퇴사 후 처음 선택한 도전은 아이들과 호주 멜버른에서 한 달 살기를 하는 것이었다. 낯선 도시에서 두 아이와 함께 지내며 매일 도서관, 박물관, 시장을 돌아다녔다. 그곳에서 만난 사람들은 나를 '엄마'가 아니라 '여행자'로 대했다. 그 짧은 한 달 동안 나는 비로소 '엄마'에서 조금 해방되어 새로운 나로 살아볼 수 있었다.

호주에서 보낸 시간은 내게 두 가지 교훈을 알려주었다.

첫째, 계획하지 않은 경험이 더 오래 남는다. MBTI 유형 중 J타입인 나는 한 달 살기 계획을 완벽하게 세우고 또 점검했다. 하지만 호주에 도착한 첫날, 둘째 아이의 여름 캠프 등록이 취소되며 모든 일정이 무너졌다. 한 살 일찍 유치원에 들어간 둘째 아이의 나이가 법적으로 맞지 않아 등록할 수 없다는 통보 때문이었다. 망연자실했지만, 그때부터 모든 일정의 기본값이 '아이와 함께'가 되었다. 공원 놀이터나 미술관 체험 공간에서 아이가 놀다 지칠 때까지 기다렸다. 처음엔 초조했지만, 곧 그 시간이 내게 주어진 '멈춤의 선물'임을 알게 되었다. 아이와 함께 이곳저곳을 걸으며 보고 느낀 것들을 이야기 나누던 시간, 우연히 들어간 도서관에서 새로운 친구를 만나고 현지 엄마들과 자연스럽게 대화하는 순간들이 모두 귀했다. 삶의 여백과 우연이 얼마나 풍요로운 가능성을 선물하는지 배울 수 있었다.

둘째, 멈춤은 뒤처짐이 아니라 재정렬하는 시간이다. 퇴사 후의 5년은 일하지 않은 시간이 아니라, 내가 나를 이해하기 위해 준비하는 시기였다. 엄마가 된 나, 육아와 살림을 도맡아 하는 전업주부인 나를 포함한 그 역할 너머의 '나'는 어떤 사람인지 묻기 시작했다.

'나는 무엇을 좋아하고, 누구와 있을 때 행복한가?'

'나는 무슨 일을 할 때 즐겁고, 잘하는가?'

이 질문은 두 번째 커리어를 향한 출발점이 되었다.

나는 질문을 붙들고 삶을 '재정렬'하기 시작했다. 예전처럼 크고 거창한 목표를 세우지 못했다며 불안해하지 않았다. 대신 '오늘 내가 행복했던 순간과 감사했던 장면'을 하루에 한 번 기록했다. 도서관에서 읽은 책의 한 문장, 카페에서 마주친 낯선 이의 미소, 아이의 낙서 같은 그림 한 장 같은 것들이 다시 나를 나다운 삶의 중심으로 데려왔다.

내가 할 수 있는 작은 시도를 이어갔다. 동네 도서관 독서 모임에서 책에 대한 감상을 나누고, 아이 친구 엄마들과 엄마표 영어와 다국어 교육에 대한 정보와 노하우를 나누었다. 그 무렵 나는 내 안에서 어떤 낯선 감각이 생겨나는 걸 느꼈다. '완벽하지 않아도 괜찮다', '다시 시작할 수 있다'. 다 끝났다고 자포자기하고 실패를 겁내기보다 지금, 여기, 현재 삶의 속도를 자연스럽게 받아들일 줄 알게 되었다. 그 느긋한 자신감이 내 안의 에너지가 되었다. 멈춰 있던 시간은 사실 내 안을 정리하고 다음 길을 설계하기 위한 리허설이었음을 깨달았다. 이제는 세상 앞에 나의 속도로 나아갈 용기가 생겼다.

다른 길을 위한 단단한 통로

퇴사 직후엔 '멈춤'이 부끄러웠다. 하지만 그 멈춤이 없었다면 나는 여전히 누군가의 기준에 스스로를 맞추느라 헤매고 있었을 것이다. 멈춘 시간 동안 나는 '공백'을 '전환'으로 바꾸는 법을 배웠다.

일하지 않는 동안에도 나는 끊임없이 일과 삶의 공존을 실험했다. 아이와 함께한 그림책 읽기 경험을 주변의 학부모들에게 이야기하자 뜻밖의 반응이 나왔다. '엄마표 영어 교육의 노하우를 알려달라'고 하며 다른 학부모들이 문의해 온 것이다. 어쩌면 그 일이 내가 만든 커뮤니티의 첫 시작이었을지 모르겠다. 누군가의 시선에 맞춘 결과물이 아니라, 내 일상의 경험과 작은 시도가 다른 이들에게 영감을 주었다는 사실이 놀랍고 기뻤다.

경력 단절은 끝이 아니라 방향을 전환하는 구간이었다. 나의 경력이 멈춘 게 아니라, 리듬과 템포를 새로이 조율하며 다른 길이 펼쳐지고 있었다. 이 리듬 위에서 나는 여전히 무언가를 배우고, 사회와 연결되고, 스스로 자라나고 있다. 경력 공백의 시간은 나를 '엄마'에서 '나 자신'으로 되돌려준 고요하고 단단한 통로였다.

4장

사람을 통한 관계의 재발견

다시 세상과 연결되다

"넌 집에만 있을 것 같지 않았어."

내가 '구글 캠퍼스 포 맘*Google Campus for Mom*' 창업가 프로그램에 참여한다고 하니 친구가 이런 메시지를 보냈다. '구글'과 '창업가'라는 단어는 퇴사 후 전업주부로 지내던 나와는 거리가 아주 먼 말이었다. 일터를 떠나 경력에 공백이 생긴 누군가가 다시 일하는 경우를 그때까지 보지 못했던 내게 창업은 다른 세상 이야기였다.

퇴사할 당시 그룹장은 안타까운 마음을 전하며 이렇게

말했다.

"전 과장은 얼마든지 다시 일할 수 있을 거예요. 나도 도울게요. 2년 안에만 다시 시작하면 얼마든지."

'2년 안에만.' 그때는 이 말이 그렇게 절망스러울 수 없었다.

생각지 못했던 구글 창업가 프로그램에 참여할 기회는 전 직장 동료 혜진 님의 적극적인 권유 덕분에 접할 수 있었다. 그녀는 이직 후에 늦둥이 둘째를 출산하고 육아휴직을 다녀왔는데, 내 생각이 많이 났다고 했다. 그러면서 이 프로그램을 적극 추천하고 몇 번이나 지원해보라고 독려했다. 그녀의 응원과 지지 덕분에 나는 지원할 용기를 내고 무사히 마칠 수 있었다. 다시 사회와 연결될 때 내게 의미 있었던 건 학위나 자격증 같은 스펙도, 화려한 경력도 아니었다. 내 마음을 움직인 건 사람들과의 관계를 통한 연결과 함께 주고받은 좋은 대화의 힘이었다.

구글 창업가 프로그램에서 나와 비슷한 사람들을 많이 만났다. 임신 중인 여성, 육아휴직 중인 아빠, 육아를 위해 퇴사한 엄마 등 출산과 육아를 하면서 일과 삶에 대해 고민하는 양육자들이 대다수였다. 예비 창업가인 우리는 때론 창업 고민을, 또 가끔은 육아와 살림, 넥스트 커리어에 대한 주제를 넘나들며 이야기 나누고 공감했다. 더 이상 커리어 사다리에서 혼자 떨어져 나왔다는 외로움이나 실패했다는 느낌이 들지 않았다. 공감은 연결로 이어져 나를 세상으로 다시 이끌었다. 퇴사 후 처음으로 소속감을 느꼈다. 그렇게 다시 사회로 연결될 기회는 사람을 통한 관계에서 왔다.

"나에게 일은 어떤 의미인가요?"

그즈음 경력보유여성의 재취업을 돕는 소셜벤처*social venture* 중간 지원 기관인 비영리 사단법인 루트임팩트*Root Impact*의 '임팩트 커리어 더블유(이하 ICW)' 프로그램을 알게 되었다. ICW 프로그램은 임신, 출산, 육아 등의 이유로 사회·경제 활동을 중단한 경력보유여성이 소셜 섹터에서 다시 자신의 잠재성과 역량을 발휘하는 체인지 메이커가 되도록 돕는다.

사회문제 해결을 비즈니스로 풀어내는 소셜벤처와 이를 지원하는 임팩트 생태계를 접하자, 일을 다시 시작한다면 이 섹터에서 해보고 싶다는 강한 호기심이 생겼다. 사회와 거리를 두고 속상한 마음을 꾹꾹 누르며 전업주부의 일상에 머물렀다면 절대 몰랐을 분야였다.

ICW 프로그램을 함께 만들고 운영한 소셜벤처 진저티프로젝트*gingerTproject*의 '디스커버리 캠프'에서 나는 ICW 2기 펠로 동기들을 만날 수 있었다. 연차와 배경은 저마다 달랐지만 '경력보유여성'이라는 공통점이 있었다. 일에 대한 열망과 의지가 누구보다 컸지만 기존 사회구조에서는 직장생활과 돌봄을 양립하기 어려워 커리어를 포기한 여성들이었다.

"나에게 일은 어떤 의미인가요?"

오리엔테이션 날, 퍼실리테이터가 던진 이 질문이 마음 깊은 곳을 흔들었다. 퇴사 전 나에게 일은 늘 '성과'와 '인정'을 뜻했다. 글로벌 브랜드 순위와 자산 가치, 브랜드 인지도나 선호도 같은 숫자로 목표를 세우고 평가받는 데 익숙했다. 하지만 임팩트 생태계에서 만난 이들은 다른 언어로 일했다. 가치와 미션으로 세상의 변화를 만들기 위해 움직이고 있었다. 성과가 아니라 가능성, 경쟁이 아니라 협력과 연대, 속도가 아니라 지속 가능성을 이야기하며 열정적이고 탁월하게 일했다. 이들을 보며 나는 일을 자아 성취의 대상에서 좀 더 성숙한 비전으로 재정의할 수 있겠다고 생각했다. 사람과의 관계를 통해 다시 주어진 기회는 변화를 만드는 언어였다.

인생의 키맨이 되어준 한 사람

나에게 다시 일할 기회를 제안한 진저티프로젝트 전 대표 서현선 님은 내가 지금의 일을 만들기까지 방향을 전환하게 해준 키맨*key man*이다. 구성원이 10명 남짓한 진저티프로젝트는 개인과 조직의 성장을 위한 건강한 실험실을 모토로 수평적 조직 문화를 가진 회사다. 회사가 망해도 개인에게 배움이 남는다면 존재 의미로 충분하다고 이야기하던 현선 님은 기존 조직에서 만날 수 없던 리더였다. 능력과 결과로 평가되고 인정받는 세계에는 없는 분이었다.

〈레미제라블〉의 주인공 장발장이 미리엘 주교의 선의와 용서를 통해 완전히 새로운 인생을 살게 된 것처럼, 내 커리어도 현선 님을 만난 후 드라마틱한 방향 전환을 맞았다. 사회가 원하는 방향으로 자격과 스펙을 맞추어가며 원하는 직업을 가져보겠다는 사고방식이 변했다. 어쩌면 기회는 나와 관계를 맺는 다양한 인연, 특히 《기브앤테이크*Give and Take*》(생각연구소, 2013)의 저자 애덤 그랜트가 말하는 기버*giver*, 즉 베푸는 사람에게서 오는 것이 아닐까 싶다. 기버는 시간, 에너지, 돈을 사용해 누군가를 돕기 좋아하는 사람이다. 내 가능성에 기회를 준 현선 님에게 나는 비현실적인 입사 제안에 대해 물었다. 현선 님은 의외로 나에게서 '진정성 있는 태도'와 '일에 대한 절실함'을 봤다고 했다. 특별한 능력이나 재능이 없다고 생각했지만 나의 자세와 태도가 일의 기회로 연결되었다.

태도가 좋은 사람에게
기회가 온다

인재를 채용해본 사람들은 구직자의 화려한 경력보다도 배우고자 하는 태도와 일에 대한 열정이 더 중요하다고 입을 모아 이야기한다. 부족한 스킬은 배워서 익히면 보완될 수 있지만, 일에 대한 열정과 자세는 하나부터 열까지 전부 가르치기가 쉽지 않다.

콘텐츠 스타트업 퍼블리의 창업자 박소령은 저서《실패를 통과하는 일》(북스톤, 2025)에서 인재를 '실력×태도'라는 두 가지 축으로 설명한다. 퍼블리에서 직원을 채용할 때 중요하게 본 세 가지 속성은 겸손함, 성실함, 책임감이다. 그녀는 실력과 태도 중 굳이 한 가지를 골라야 한다면 태도를 선택하겠다고 했는데, 태도가 좋으면 실력은 발전할 수 있다고 믿기 때문이다.

누군가와 함께 일을 해보면 안다. 상대의 소통 방식과 일하는 역량이 평판과 실력이 된다는 것을. 스펙과 경력이 아무리 화려하더라도 열심과 열정이 없는 사람, 소통이 잘

되지 않는 사람의 평판 조회*reference checks*는 긍정적이기 어렵다. 반면 지금 당장 눈에 띄는 역할을 맡고 있지는 않더라도 미팅에서의 태도나 말투, 질문 하나가 그 사람을 인상적으로 기억하게 만들기도 한다.

진저티프로젝트에서 일하며 내 인생의 주제는 자연스럽게 '여성과 일'이 되었다. 이 키워드에 공감하는 이들과의 연결이 나를 다시 움직이게 했다. 다시 무언가를 할 수 있다는 가능성을 꿈꾸고 시도할 용기를 준 건 언제나 사람이었다. 관계가 커리어 리부트의 토대였다. 혼자 침잠해 있을 땐 보이지 않던 길이, 함께할 때 비로소 만들어졌다. 이렇듯 기회와 성장은 관계를 통해 연결되고 서로의 시간을 나눌 때 이루어진다.

2부

작은 시도로 리부트하다

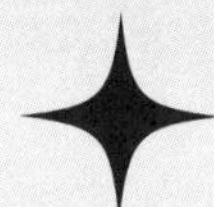

느슨한 연대와 네트워크 모임의 가능성

5장

사이드 프로젝트의 힘

'여성과 일 북클럽'을 만들다

혼자 있을 때는 구체적인 실행력을 발휘하기 어렵다. 무언가 하고 싶은 마음과 그 이유가 막연하기 때문이다. 하지만 생각이 비슷한 사람들을 만나면 마음에 힘이 생긴다. 무언가 시도해볼 용기, 아이디어로만 맴돌던 어떤 기획이 실행되는 마법을 경험하기도 한다. 부릉부릉 시동을 거는 일이 가볍고 즐거워진다.

ICW 프로그램이 끝난 이후에도 펠로 동기들과 관계를 이어나갔다. 경력 공백 이후 다시 취업해 조직에 적응하는 것도 어려웠지만, 가정을 돌보던 엄마라는 자리를 비워내는 과정에서 다른 가족 구성원들이 적응하기 어려워하기도 했다. 동기들과의 단톡방은 해우소 역할을 톡톡히 해냈다. 그곳에서 업무 역량보다 중요한 지지의 언어를 배웠다. 그 언어가 우리를 버티게 했다.

모임을 지속할 요량으로 '여성과 일 북클럽'이라는 모임을 만들었다. '여성과 일'을 주제로 책을 선정해 함께 읽고 한 달에 한 번 모여 이야기 나누자는 제안에 모두 환호를 보냈다. 나 혼자 머뭇거리며 마음속 희망 사항으로 지니고 있던 아이디어였는데, 진저티프로젝트 안지혜 팀장이 세심하게 물밑 작업을 해준 덕분에 용기 낼 수 있었다.

한 달에 한 번 저녁에 모이는 일정을 지키기 위해 우리는 몇 주 전부터 아이들 돌보는 스케줄을 남편과 조율하고 회사 업무나 다른 일도 미리 챙겨두었다. 모임에 참여한 모두에게 그 시간은 '다시 나로 돌아오는 시간'이었다. 책 속의 문장과 등장인물의 이야기를 빌려 누군가의 고군분투에 공감하고, 누군가의 실패담을 함께 나누며 위로를 전했다. 누군가의 새로운 시도가 용기가 되기도 했다. '여성과 일 북클럽'에서 함께 책을 읽으니 서로의 생각에서 많은 인사이트를 얻을 수 있어 더욱 의미가 깊었다.

가장 기억에 남는 책은 《뒤에 올 여성들에게*Sharing the Work*》(동녘, 2018)였다. 이 책의 저자인 마이라 스트로버는 스탠퍼드대학교 경영대학원 최초의 여성 교수로, 가정에서의 역할을 남편과 분담하는 것의 중요성을 "끊임없는 로켓 궤도 맞추기"로 묘사하며 강조한다. 페미니스트 경제학자로서 개인의 회고록을 넘어서 사회구조적 불평등과 차별을 보여준다. 특히 여성들의 경력 단절에 대한 사회의 불평등한 시선을 비판한다. 여성들이 함께 목소리를 내고 연대해야 한다는 스트로버의 메시지에 우리 모두 고양되었다. 그녀가 1960~1970년대 미국 교수 사회에서 겪은 차별이 오늘날 대한민국의 현실과도 크게 다르지 않다는 사실에 여전히 가야 할 길이 멀고 할 일도 많다는 생각이 들었다. 이 모든 과정에서 '함께'하는 연대의 힘과 위로를 얻었다.

일단 시작하면 된다

시간이 갈수록 우리의 북클럽 대화를 더 많은 사람과 나누고 싶다는 마음이 커졌다. 이전의 나처럼 커리어를 다시 이어갈 상상조차 못 하는 누군가에게 우리의 이야기가 닿기를 바랐다. ICW 펠로 동기인 효경 님, 우정 님과 함께 〈할 일 많은 여자들〉이라는 팟캐스트를 시작했다. 방송 제작 경험도, 녹음 기술도 없었지만 구글과 유튜브의 검색력을 믿고 일단 시작했다. 팟캐스트 채널을 만들고 녹음실을 빌려 첫 번째 클립을 녹화했다. 첫 화에는 우리 각자가 다시 일하기까지 경험한 시간과 감정을 솔직하게 담아보고자 했다. 주변에서도 적극적인 응원과 지지를 보내주었다. 루트임팩트는 녹음실을 지원해주었고, 동기들은 구독과 댓글로 응원을 이어갔다. 무엇보다 팟캐스트를 만들며 내 이야기를 정리할 수 있어서 뜻깊었다. 가장 의미 있던 순간은 과거의 나와 비슷한 현재의 누군가와 연결될 때였다.

자신과 비슷한 과정과 고민을 겪은 우리들의 이야기에 공감했고, 우리의 경험을 메모하면서 듣고 있다는 응원 이메일도 받았다. 이렇게 우리의 이야기는 이미 누군가의 미래가 되어 있었다. 같은 주제에 공감하는 청취자와의 연결은 '작당모의'도 의미 있는 일로 확장될 수 있음을 알려주었다.

열정은 연결로,
관계는 성장으로

내가 좋아해서 '덕질'처럼 시작한 사이드 프로젝트로 외부로부터 연사 제안을 받기도 했다. 이런 기회는 또 다른 연결의 장으로 이어졌다. 그중 하나는 2019년 위커넥트 *Weconnect*에서 기획한 '성동구 커리어 리스타트 챌린지 프로그램'이었다. 나는 이 행사의 '현직자 런치 토크'에서 경력보유여성으로서 소셜벤처에 재취업한 이후 커리어가 변화한 과정에 대해 이야기했다. 행사에는 임신, 출산, 육아로 경력이 잠시 멈춘 엄마들이 주로 참여했다.

이 자리에서 처음 만난 소영 님은 이후 내가 창업한 '창고살롱' 두 번째 시즌의 고객이 되었다. 우리의 인연은 소영 님이 살롱지기가 되면서 계속 이어졌다. 당시 소영 님은 출산 후 3개월이 채 되지 않은 시점에 다음 커리어를 탐색하고 있었다. 기업과 교육기관에서 오랫동안 커리어를 이어왔지만 남들보다 조금 늦게 결혼과 출산을 하면서 가정과 일의 조화에 대해 많이 고민하고 있었다. 그녀는 가정일과 육아를 하면서 일도 함께 이어갈 방법을 탐색 중이었다(그때 태어난 지 백일도 안 되었던 아이가 곧 초등학생이 된다. 그동안 우리 일도 다양한 실험과 여정을 거쳤다). 작은 만남에서 시작된 인연이었지만, 이토록 서로에게 중요한 동역자가 될지 그때는 전혀 알지 못했다.

6장

롤모델이 아닌 레퍼런스

'일 vs. 가정'의 제로섬 게임

일이 곧 삶이었던 시기의 나는 워크홀릭이었다. 하지만 엄마가 되면서 일과 삶이 자꾸 경쟁하는 관계가 되었다. 어느 한쪽에 더 집중하고 욕심을 낼수록 다른 한쪽이 무너졌다. 일과 삶은 내게 제로섬 게임이었다. 결국 커리어를 놓아버리면 엄마로서의 책임과 역할을 모두 짊어질 수 있을 거라는 자포자기 심정으로 일을 포기했다. 일터에서 조용히 사라진 선배들이 분명 있었을 텐데 당시에는 그들을 알지 못했다. 조직을 떠날 때는 나만 패배자가 된 기분이었다. 일과 육아 사이에서 무한 책임감을 느끼며 직장인과 엄마라는 두 역할을 잘해내지 못해 속상한 마음을 함께 이야기하던 동료 중 몇몇은 조직에 남았고 나는 떠났다.

회사에서 나의 롤모델은 오랜 상사였다. 브랜드 전문가로 외부에서 스카웃된 핵심 인력이던 그녀는 삼성그룹 최초의 여성 전무, 삼성전자 최초의 여성 부사장으로 승진했다. 나는 사원 4년 차에 그룹장으로 그녀를 처음 만났다. 그녀의 지휘 아래 브랜드 전략 업무에 대한 지식을 배우며 인사이트를 얻고 역량을 키웠다. 업무 보고나 회의 시간에 피드백을 받는 게 즐거웠고, 성장하는 것을 느꼈다.

그녀는 브랜드 전문가로 성장하려면 유능한 클라이언트가 되어야 하고, 좋은 전략과 캠페인을 만들 지식이 필요하다며 교육을 강조했다. 이전에 없던 새로운 교육 기회를 적극적으로 만들고 주니어 사원들에게도 기회를 열어주었다. 꼭 참여하고 싶고 무척 욕심나는 프로그램이었지만 당시 첫째 아이 임신 초기였다. 업무 능력이나 성실함은 어느 정도 자신 있었지만 임신 중인 내 상황이 조심스러웠다. 더구나 임신 초기에 입덧이 무척 심해서 임신 5개월 때는 몸

무게가 임신 전보다 8킬로그램이나 줄어 있었다. 누가 뭐라고 한 것도 아닌데 조직의 새로운 시도에 손을 들고 나설 용기가 없었다. 그렇게 마음만 졸이고 있을 때 상사가 내게 제안했다.

"전 대리, 일단 교육을 잘 받은 후 출산하고 돌아오세요. 복귀한 다음에 배운 대로 열심히 일하며 실력을 보여주면 됩니다."

그렇게 고객 인턴*Client Intern* 프로그램의 첫 대상자로 다른 동료와 내가 선정되었다. 임신 5개월 차에 한 달간의 미국 연수 기회가 주어졌고, 나는 시카고로 출국했다. 교육 기회의 수혜자가 되었으니 얼른 조직에 되돌아와서 배운 것을 나누고 역량을 펼치고 싶었다. 상사의 배려와 리더십에 응답하고 싶은 욕망과 우수 사원에 선정된 것 같은 우쭐함이 일에 대한 욕심을 키웠다. 롤모델의 커리어를 잘 배워서 익히면 나도 그녀처럼 성공적인 경력을 만들 수 있으리라 생각했다.

롤모델이 무의미한 시대

그때는 출산이라는 과정을 빨리 통과하고 싶었다. 하지만 사고는 예고 없이 찾아온다고 했던가. 출산 예정일을 2주 앞둔 어느 주말, 나는 발을 헛디뎌 발목 골절 진단을 받았다. 핀 여섯 개를 발목에 박아 고정하는 수술이 필요했다. 불행 중 다행으로 산부인과 의료진이 먼저 제왕절개수술로 아이를 꺼내자고 했다. 바로 이어서 정형외과 수술팀이 교대해 발목 골절 수술을 했다. 의료진은 임신 중 전신 마취하는 위험을 감수하지 않고 출산을 먼저 하면 되니 정말 운이 좋은 경우라고 긍정적인 소견을 덧붙였다.

우여곡절을 겪은 후의 현실은, 금방 업무에 복귀할 수 있을 거라는 내 예상과는 많이 달랐다. 당장은 혼자서 거동도 할 수 없는 다리 깁스 환자이자, 거의 매일 가슴 마사지를 받으며 모유 수유를 이어가야 하는 산모였다. 예비 엄마로서 신생아 육아 관련 베스트셀러를 섭렵하고 수월한 자연분만을 위해 요가를 배우며 열심히 준비했지만, 책으로만 준비한 엄마됨은 현실에서 무용했고 자연분만은 시도조차 못 했다. 실제로 경험하면서 겪어내야만 하는 시간이 꼭 필요하다는 인정과 여유가 그때는 부족했다.

나의 상사는 한국P&G에서 일할 때 출산과 육아를 경험했다. 당시에는 흔치 않았던 재택근무 등의 제도를 회사가 먼저 나서서 만들고 제안한 덕분에 육아와 초등맘 시기를 잘 넘기고 커리어를 이어갈 수 있었다고 그녀는 회고했다. 유능한 직원이 육아 때문에 사직하지 않고 계속 일할 수 있도록 여러 배려와 제안을 해준 회사가 고마웠다고 했다. 임신 중인 나의 교육 기회를 제한하지 않고 오히려 먼저 권한 이유도 과거에 자신이 혜택과 배려를 받았기 때문이었다고 나중에 말해주었다.

앞선 세대의 여성 선배들이 임신, 출산, 육아기를 지나 커리어를 유지했다면 나도 분명 가능할 텐데 실제로는 그러기가 쉽지 않았다. 두 아이 육아라는 복병에 결국 백기를 들며, 나는 엄마 역할을 오롯이 감당하기 위해 일을 포기했다. 일과 삶에 대한 기준과 속도는 개인의 상황과 우선순위에 따라 다를 수밖에 없다. VUCA* 시대를 사는 우리에게 정답 같은 롤모델은 존재하지 않는다는 것을 깨달았다.

인생에 정답이 없듯 여성의 커리어에도 정형화된 공식이나 성공 비법을 그대로 따라 할 수 없는 각자의 사정과 이유가 있다. 그렇게 나는 엄마가 필요했던 아이 옆에 꼭 붙어서 몇 년간 전업주부로 지내며 커리어 공백을 만들었다.

★ 변동성(Volatility), 불확실성(Uncertainty), 복잡성(Complexity), 모호성(Ambiguity)이 높은 현대사회를 일컫는 표현이다.

7장

Z세대와

일하는
방식을
배우다

여성의 일에 대한 책을 만들다

진저티프로젝트에서 내가 맡은 프로젝트는 책을 만드는 일이었다. 대기업 재무팀, 마케팅팀 등에서 10년 넘게 근무하며 다양한 프로젝트를 경험했지만 출판 기획 일은 처음이었다. 주제는 여성 커리어로, 내 삶의 고민과도 맞닿아 있었다. 다양한 일 고민의 여정을 먼저 겪은 선배들을 인터뷰했다. 대학을 졸업하고 사회로 나갈 여성들에게 어떤 일에 대한 기회가 있는지, 어떤 다양한 직업이 있는지 탐색하는 한편, 새로운 방식과 의미를 전하는 인터뷰집 출판 프로젝트를 진행했다.

나에게 '일'이란 주어진 목표를 달성하기 위한 과업이었다. 각자 역할과 책임을 다해 정해진 기간 내에 최고의 효율로 최선의 성과를 내면 되는 것이었다. 처음 책 출간 프로젝트를 시작할 때는 기존에 일하던 감각으로 업계 트렌드와 경쟁 도서가 될 만한 책들을 분석했다. 다양한 사례도 벤치마킹해서 촘촘한 출간 기획서를 준비했다. 온라인 서점을 브랜드별로 즐겨찾기 해두고 오프라인 서점도 자주 방문했다.

출판 프로젝트에는 1990년대생 Z세대 예비 저자 여섯 명이 참여했는데, 첫 미팅 자리에서 나는 공들여 준비한 기획서를 발표하고 실행 일정표를 제시했다. 그런데 어쩐지 그들은 별다른 열정을 보이지 않았다. 초반엔 약간의 적응 시간이 필요한가보다 생각했다. 하지만 시간이 흘러도 기대와는 달리 프로젝트가 잘 진행되지 않았다. 출판 프로젝트에 스스로 지원한 이들의 수동적인 태도와 미온적인 반응의 원인조차 알 수 없어 무척 조바심이 났다.

일터에서 밀레니얼 세대와 함께 일하는 고충을 토로하

는 친구나 선후배 이야기를 종종 듣긴 했지만, 1990년대생과 일하며 새롭게 느낀 세대 차이는 이전에 경험한 것과 무척 달랐다. 나는 최대한 친절하고 자세히 설명하려고 노력했지만 메아리같이 돌아오는 일방적인 소통에 자꾸만 힘이 빠졌다. 프로젝트 스케줄에 따라 진행 사항을 확인하고 결과물을 요청했지만 제때 회신이 오는 경우는 드물었다.

프로젝트가 표류하고 있다는 기분을 떨쳐내기 어려웠다. 무엇이 잘못되었는지, 어느 과정에서 어떤 일을 바로잡아야 할지 감을 잡을 수 없었다.

동료가 내게 조언한 내용은 프로젝트 관리 기법이나 매니지먼트 방법론과는 거리가 멀었다. 오히려 예비 작가 학생들에게 동기를 부여하고 마음을 살피며 이 프로젝트에서 스스로의 정체성을 만들어갈 수 있도록 돕고 배려하는 태도 같은 것들을 강조했다. '자발적 몰입'을 이끌어내야 한다는 것이었다. 내가 잘하던 기존의 성공 방식이 통하지 않을 때 비로소 다른 배움이 시작되었다.

프로젝트를 진행하며 내가 이런 고비를 경험할 때마다 진저티프로젝트 서현선 전 대표는 이렇게 말했다.

"혜영 님, 너무 조급하게 생각하지 마세요. 이 프로젝트의 목적은 책을 빨리 출간하는 것이 아니에요. 저자 한 명 한 명과 깊이 대화하는 시간을 가져보세요. 그리고 혜영 님의 고민과 어려움도 솔직하게 이야기해보세요."

솔직한 소통에 정답이 있다

그동안 전문가답다고 믿었던 대기업의 업무 방법은 통하지 않았고, 전혀 다른 전략이 필요했다. 그래서 프로젝트 중간 발표회를 제안했다. 여섯 명의 저자 모두가 첫 번째 인터뷰를 마치고 한자리에 모였다. 함께 모여 이야기를 나누니 각자의 인터뷰 경험을 서로에게 전할 수 있었다. 그러자 모두 자신의 인터뷰 외에 다른 저자의 인터뷰에도 관심을 가지기 시작했다. 질문과 호기심이 이어졌다.

이 역동은 프로젝트에 참여해 함께 진행한다는 동료 의식, 그리고 각자의 흥미와 관심에 맞는 콘텐츠로 하나의 책이라는 결과물을 완성한다는 공동의 목표 의식을 만들어냈다. 합을 맞추어 함께 일한다는 감각이 진지하고 성실한 책임감으로 이어졌다.

이전에는 문제가 생기면 해결할 수 있을 방법에 대한 선택지를 나 혼자 고민하고 객관식으로 대안을 만들었다. 좀 더 빠른 결론을 얻기 위해 의견을 수렴하는 형식을 몰아치듯 추진했다. 프로젝트 일정은 언제나 촉박했고, 빠른 의사결정과 실행만이 문제를 효율적으로 해결하는 데 최선이라 여겼다. 하지만 이제 달라질 필요가 있었다.

한편으로는 질문 워크숍도 기획했다. 마릴리 애덤스의 《삶을 변화시키는 질문의 기술*Change Your Question, Change Your Life*》(김영사, 2018)이라는 책을 읽으며 새로운 사실을 배웠다. 행동 변화에는 정답 같은 솔루션, 즉 할 일*to do*을 제시하는 것이 아니라 '질문'으로 시작되는 '사고의 전환과 확장'이 필요하다는 것을 알게 됐다. 질문 워크숍에서 나는 질문을 던지는 사람의 역할만 했다. 각자의 답은 이 프로젝트를 수행하는 주체, 즉 예비 저자들에게서 나오도록 했다. 프로젝트 방향과 맥락을 이해할 수 있는 전체 미팅과 병행해 저자들과 일대일로 세밀하게 소통하고 피드백을 주고받는 시간을 늘려갔다. 단체 이메일이나 단톡방 공지 같은 의사소통은 대폭 줄였다. 깃발을 든 대장 같은 역할, 일정을 관리하고 퀄리티를 평가하는 역할을 내려놓았다.

그렇게 《롤모델보다 레퍼런스》를 출간하기 위한 12회의 인터뷰가 마무리되기까지 약 6개월이 걸렸다. 단순히 인터뷰를 수행한 시간인 것만은 아니었다. 20대 저자 개개인이 가슴 깊이 고민한 커리어 주제에 대한 생각을 정리하고 꺼내놓는 과정이기도 했다. 저자들의 질문에 답한 12명의 여성 선배들은 자신만의 여정을 솔직하게 들려주었다. 그 진솔하고 내밀한 스토리는 인터뷰어와 인터뷰이 모두에게 의미 있고 귀한 시간이 되었다.

20대 저자들의 커리어 고민은 곧 나의 고민이기도 했다. 저자들과 인터뷰이들의 솔직한 질문과 대답이, 그리고 저자들의 깨달음이 내게도 좋은 레퍼런스가 되었다. 경력이나 스펙보다 가능성과 태도에 기회를 준 진저티프로젝트에서 책을 만들며 20대에도 하지 않던 커리어 고민을 40대에 깊이 할 수 있었다.

이 책을 만들며 나는 5년간의 공백을 딛고 다시 커리어를 이어갔다. 프로젝트 매니저에서 기획자로, 그리고 편집자로서 성장했다. 20대 초반의 고민 많고 불안한 대학생들은 어엿한 저자가 되었다. 저자와 기획자가 함께 책을 만들며 각자의 성장 과정에 동참했다. 일에 대한 20대 저자들의 진심 어린 고민과 40대 경력보유여성의 커리어 리부트가 교차하는 시간이었다.

Z세대인 1990년대생들과 원 팀으로 일하며 나는 '전문성'이라는 편견과 끊임없이 부딪혀야 했다. 또한 기존 대기업의 업무 방식에서 벗어나는 또 한 번의 패러다임 시프트를 맞이했다.

무엇보다 취약한 나 자신을 솔직하게 드러내고 편안한 자리를 마련해 깊은 대화를 나눈 시간이 저자들을 움직였다. 어떤 전문가도 대체할 수 없는 그들만의 고민과 인사이트가 자발적으로 속도를 내어 완성도 높은 원고로 마무리되기 시작했다. 당장의 결과를 예측할 수 없고 쓸데없어 보이는 시간이 사실은 유일무이한 결과물을 만드는 핵심이었다. 그렇게 나는 무용해 보이는 것의 보이지 않는 가치와 효용을 배웠다.

막연히 회사가 원할 듯한 스펙을 만들고 유망한 스킬 세트를 갖추려고 하기보다 내가 진짜 좋아하고 잘하고 싶은 일이 무언지, 그 일을 시도하는 과정에서 어떤 부분이 고민되는지, 어떤 노력이 필요한지를 계속 생각해보고 싶었다. 진솔한 대화를 나눌 수 있는 더 많고 다양한 레퍼런서®를 찾는 일의 씨앗이 심어졌다.

8장

여성과 일을 위한 작당 모의

일의 의미를 다시 생각하다

'일'은 나에게 진정 무슨 의미였기에 그렇게 꼭 다시 일이 하고 싶었을까? 아이들을 키우면서도 꽤 활동적인 일을 많이 했지만 흥미가 생기거나 지적 자극을 크게 받지는 못했다. 경제적 능력도 아쉬웠다.

엄마가 된 많은 여성이 커리어와 엄마 역할 사이에서 고민하며 괴로워한다. 그러면서 둘 다 제대로 못해내고 있다는 죄책감에 시달린다. 결국 양쪽 모두를 100퍼센트 해내려고 무리하다 둘 중 하나를 포기하는 지경에 이르게 된다. 나도 그랬다. 내가 알던 여성 커리어 서사는 '가정(돌봄) vs. 커리어'의 양자택일 구조뿐이었다. 나처럼 막다른 순간이라 느끼고 그냥 포기하며 놓아버린 것에 대한 후회를 다른 이들은 하지 않기를 바라는 마음이 컸다. 나는 '엄마' 역할을 포기할 수 없으니 퇴사를 선택할 수밖에 없었다. 외부 도움을 받아 해결할 수 있는 영역도 있지만 어떤 부분은 외주가 전혀 불가능하다.

《나를 지키며 일하는 법》(사계절, 2017)의 저자 강상중 교수의 말에 따르면, 일이란 사회로 들어가는 입장권이자 나다움의 표현이라고 한다. 경력 공백 후 일을 시작한 나는 누구의 엄마나 아내가 아닌 오롯이 내 이름으로 다시 사회에서 관계를 만들고 역할을 맡았다. 내 인생 고민이기도 한 '여성의 지속 가능한 일과 삶'을 프로젝트화하며 일의 맥락에서 다양하게 풀어내고 시도하는 기회를 얻었다.

다양한 이들의 이야기를 접하며 여성의 커리어 변곡점이 육아뿐만이 아니라는 사실도 알게 되었다. 누군가는 결혼과 동시에, 혹은 임신과 출산을 하면서 일을 그만두었고, 또 누군가는 편찮으신 부모님을 돌보거나 셀프 케어를 위해 커리어를 잠시 유보하기도 했다. 그녀들의 고유한 이야기에 귀 기울이면서 그 서사를 기록하고 싶어졌다. 더 많은 이와 서사를 공유하며 공감하고, 돌봄 공백 이후의 가능성을 함께 논하고 싶은 마음이 생겼다.

커피챗의 놀라운 실행력

어느 날, 구글 창업가 프로그램 동기인 인성 님과 티타임을 나누면서 서로 마음이 통하는 것을 확인했다. 이 티타임은 뭐라도 함께해보자는 작당모의의 시작점이 되었다.

인성 님은 창업가 프로그램 수료 당시 둘째 아이를 출산하고 육아휴직 중이었다. 비슷한 시기에 임신, 출산, 육아를 시작한 네 명의 직장 동료와, '나를 지키고 싶은 엄마들의 이야기'를 전하는 웹진 〈마더티브〉 창업을 준비하고 있었다. 창업가 교육 이후 일부 팀원이 회사에 복직하고 인성 님도 이직하면서 결국 웹진 만들기 창업 계획은 사이드 프로젝트로 이어졌다.

성수동의 소셜벤처에서 근무하던 인성 님과 나는 가끔 커뮤니티 오피스 헤이그라운드 카페에서 서로의 일상을 나누는 커피챗을 즐겼다. 그날의 대화 주제도 언제나처럼 일과 가정생활에 대한 이야기였다. 우리는 최근 주변에서 일과 관련하여 만난 엄마, 여성들의 이야기에 관심이 많았다. 인성 님은 성수동에서 일하는 엄마들과 함께 런치 모임을 시작한 이야기를 들려주었다. 나는 1년 넘게 ICW 동기들과 이어온 북클럽을 확장한 〈할 일 많은 여자들〉 팟캐스트 만드는 이야기를 공유했다. 각자의 자리에서 시도하고 이어가는 크고 작은 사이드 프로젝트가 서로에게 영감이 되었다.

평소 마음에 품고 머릿속으로만 구상하던 '일하는 엄마', '다시 일하고 싶어서 경력 단절을 극복하기 위해 노력하는 여성들'을 위한 커뮤니티 이야기도 나누었다. 그 순간 인성 님은 유난히 반짝이는 눈빛으로 "이런 커뮤니티는 꼭 필요해요"라고 했다. 우리가 같은 마음으로 무언가를 염원하며 공감하고 있다고 강하게 느끼는 순간이었다.

사이드 프로젝트를 함께하던 인성 님의 동료도 합류했

다. 기획 회의는 무척 즐거웠다. 우리는 요리책처럼 하우투 *how to*를 일방적으로 전달하는 강연이 아니라 엄선한 책이나 영화 콘텐츠를 보고 미리 정해진 주제에 관해 대화하는 워크숍을 구성했다. 좋아하는 주제 콘텐츠를 선정하면서 아이디어가 무궁무진해졌고 지적 자극을 주고받았다. 새로운 아이디어가 계속 떠오르니 즐겁고 설렜다. 기대 가득한 마음으로 프로그램을 구상하고 격주 주말에 반나절씩 네 번 만나는 일정으로 기획을 완성했다.

그런데 참여자를 모집하는 단계에 누구도 예상하지 못한 돌발 변수 상황이 생겼다. 바로 코로나19 창궐이었다.

예상하지 못한 벽과
온라인이라는 문

코로나19 팬데믹 초기에는 조금만 시간이 지나면 금세 일상으로 돌아갈 수 있을 거라고 생각했다. 사회적 거리두기나 재택근무가 뉴노멀이 될 거라고는 예상하지 못했다.

하루아침에 아이들은 등교를 멈추고 얼떨결에 방학 같은 며칠을 보냈다. 시간이 더 흐른 뒤엔 혼란스런 온라인 수업 체제로 돌입했다. 나도 사무실에 출근하는 대신 재택을 기본으로 매일 아이들과 집에서 함께 지냈다. 첫째 아이는 초등학교 졸업식도 교실에서 선생님, 친구들과 조촐하게 인사 나누는 것으로 마무리하고 온라인으로 중학교에 입학했다. 비대면 업무가 차츰 뉴노멀로 자리 잡으면서 이전에 취소되었던 오프라인 미팅이 온라인으로 대체되기 시작해 다시 업무 일정이 바빠졌다. 온라인 워크숍에서 활용할 수 있는 새로운 툴과 방식을 배우고 익히며 비대면 워크숍 경험과 노하우를 쌓았다.

'엄마의 일 문화 살롱' 워크숍에 관한 논의를 서서히 재개했다. 일터에서 새롭게 시도하며 배운 비대면 워크숍 경험을 이제 사이드 프로젝트에서 적용해볼 차례였다. 비대면 업무 경험이 아직 많지 않던 인성 님과 동료는 조금 주저했다. 오프라인 워크숍으로 기획한 '엄마의 일 문화 살롱'을 온라인에서 어떻게 진행할 수 있을지 함께 그려보기엔 각자의 경험들이 조금씩 달랐다. 나는 온라인 미팅, 워크숍 경험을 꾸준히 공유하며 그들을 설득했다. 우리는 일단 최소 인원만 무료로 모집해 시작해보기로 했다. 줌 워크숍 진행은 내가 맡았고, 〈마더티브〉 인스타그램 채널을 통해 모집 공지를 올렸다. 이틀 만에 워크숍 참여 모집이 마감되었다. 주변 지인 몇 명과 전혀 접점이 없었던 지역의 사람도 참여를 신청했다. 코로나19로 오프라인 미팅이 어려워져서 온라인 중심으로 바꿨더니 생각지 못한 기회가 확장되었다. 벽을 만났다고 생각했는데 새로운 문이 열렸다.

코로나19로 사회적 거리두기가 한창이던 시기, 드디어 첫 번째 랜선 모임을 열었다. 대화의 주제를 영화 〈줄리 & 줄리아〉 무비 토크로 기획하고 '세대를 넘어선 여성 연대', '글쓰기', '여성의 일' 등을 키워드로 정했다. 이것이 '창고살롱' 파일럿 프로그램의 첫 모임이었다. 아무 연결고리와 맥락 없이 줌 화면을 켜고 한밤중에 처음 만난 우리의 속 깊고 솔직한 대화는 2시간을 훌쩍 넘겼다.

우리는 일뿐 아니라 자신에게 각별한 영향을 주는 주변 여성들, 그리고 느슨한 여성 연대와 네트워크 등에 대해 내밀하고 진솔한 이야기를 나누었다. 여성이라면 일상에서 자주 부딪히는 문제들이지만 평소 누군가와 진지하게 대화할 기회는 좀처럼 없던 주제였다. 우리가 나눈 다양한 이야기는 콘텐츠로 기록, 공유되었다. 첫 온라인 살롱에서 느낀 진한 감동은 서로에게 레퍼런스가 되는 여성 네트워크의 짜릿한 첫 경험이 되었다.

9장

창업으로 가는 길

"새 술은 새 부대에 담아야 한다"

내 커리어 전환점이 되어준 책 《롤모델보다 레퍼런스》에 에필로그를 썼다. 책의 처음과 끝을 책임진 기획자이자 편집자로서 쓴 프로젝트 후기인 셈이었다. 간략한 글이었지만 잘하고 싶은 욕심과 부담이 만만치 않았다. 《노인과 바다》를 200번 이상 퇴고하고 80번이나 고쳐 쓴 작가 어니스트 헤밍웨이는 "모든 초고는 쓰레기"라고 말했다. 나는 원고 한 꼭지를 붙들고 여러 버전으로 다시 쓰고 또 고쳐 썼다.

첫 에필로그 원고는 개조식 전략 보고서였다. 인터뷰어와 인터뷰이에 대한 소개, 그들 대화의 핵심 메시지와 인사이트를 일목요연하게 정리했다. 독자에게 제공하는 이그제큐티브 서머리인 셈이었다. 동료들은 냉정하고 비판적으로 원고에 관해 피드백했는데, 책 내용보다는 출판 프로젝트 진행 과정에 대한 비하인드 스토리를 듣고 싶다고 했다. 원고를 새로 쓸 때마다 인터뷰 내용은 줄고 내 생각과 감정의 분량이 늘었다. 인터뷰 글을 편집하며 내 몫의 글, 에필로그를 꾸준히 써나가는 과정은 그야말로 온몸으로 실감하는 창작의 고통의 연속이었다. 글쓰기는 시간 대비 결과물을 일정하게 예측하기 어려운, 내겐 가장 비효율적이고 불가사의한 일이었다. 인터뷰 원고 교정, 교열을 미뤄두고 에필로그 원고를 붙든 채 속절없이 시간을 보내며 애태웠다.

출판 프로젝트를 처음 제안한 연세대학교 사회학과 김영미 교수님은 이 책의 추천사에서 "일의 세계에서 여성의 목소리와 존재감을 키워가는 이 '레퍼런스' 기획이 앞으로도 계속되기를 희망한다"라고 적었다. 고비가 올 때마다 이처럼 아낌없는 정서적 지지를 보내며 꾸준히 신뢰하고 기다려준 고마운 분들의 응원이 묵직한 책임감으로 다가왔다. 책을 만드는 일반적 방법과는 거리가 먼 실험적인 방식으로 진행된 이 출판 프로젝트는 현선 님이 아니었다면 갈피를 잡기 어려웠을 것이다. 안전한 울타리 안에서 든든한 동료들의 응원과 지지를 받은 여정 덕분에 없던 길을 내며 결과물을 세상에 소개했다.

현선 님이 책 소개글에 쓴 것처럼 "시행착오를 하겠지만 결국 한 발 더 전진하리라는 자신감, 누군가 내 삶을 공감해주고 있다는 든든함, 그리고 우리는 연결되어 있다는 안전함"이란 새로운 감각으로 내게 창업을 권유했다. 창업을 권하는 대표라니! 고민이 많았지만 사수였던 안지혜 님이 이야기한 것처럼 "새 술은 새 부대에 담아야 한다"라는 말이 마음에 깊이 박혔다. 용기를 내야만 했다.

레퍼런스에서 가능성을 보다

'여성과 일'은 내가 맡은 다양한 프로젝트의 핵심 주제였고 앞으로도 계속 발전시키고 싶은 분야다. 책을 만들면서 여성 커뮤니티를 만들고 싶다는 진지함이 깊어졌다. 하지만 다시 명함 없는 삶으로 회귀할까 두려운 마음도 컸다. 창업이란 자고로 멋진 J-커브를 만들어낼 수 있는 비즈니스 모델이어야 한다는 선입견이 걸림돌이었다. '커뮤니티 서비스'에 다음 커리어를 걸고 위험을 감수할 자신감이 쉽게 생기지 않았다.

《롤모델보다 레퍼런스》 에필로그는 여덟 번째 고쳐 쓴 글로 마무리되었다. '나도 누군가에게 레퍼런스였다'라고 제목을 고쳐 달았다. 창업을 결심하는 과정에서 서로에게 레퍼런스가 되어주며 응원하고 지지하는 여성 커뮤니티를 구상했다. 에필로그가 일종의 선언서가 된 셈이다. 앞으로 더 다양한 레퍼런스 만드는 일을 계속하고 싶다는 바람을 글에 꾹꾹 담았다. 인생 탐구 주제를 찾았다고 기뻐했지만 이 주제를 일로 만들 수 있다고 생각하진 못했다. 곁에서 애정 어린 시선과 관심으로 나를 관찰하고 읽어주는 고마운 동료들이 있었기에 발견하고 도전할 수 있었다. 그들의 이야기를 한번 들으면 나도 몰랐던 나를 자꾸 발견하고 알아가게 되었다. 신뢰하는 이들의 진심 어린 조언과 응원이 동력이 되어 나를 움직였다.

경력은 한번 멈추면 다음 행로를 찾기 위해 고민하는 시간을 통과해야 한다. 직선으로 가던 길의 방향을 바꿀 때 속도를 늦추고 핸들을 꺾는 것처럼 분명 무언가를 뒤로하며 계속 나아가지만 진행하고 있다는 감각을 좀처럼 느끼기 어려운 구간이 있다. 에필로그로 창업 결심을 알리고, 제목에 관한 아이디어를 가져와 브랜드 타깃을 레퍼런서®로 정했다. 다양한 삶의 모습과 커리어 행보를 서로에게 보여주는 고유한 주체로서 스스로에게 정체성을 부여하면 좋겠다고 생각했다.

롤모델이 위계 체계 안에 존재하는 따라야 할 모범이라면, 레퍼런서®는 자신만의 서사로 주위에 영향을 주는 동시대인이다. 무언가가 되기 위한 스펙 쌓기에 몰두하기보다 왜 그 일을 해야 하는지 고민하며 진짜 좋아하고 잘할 수 있는 일이 무엇인지 질문하고 생각할 기회를 경험하는 서비스를 만들고 싶었다. 나 홀로 변화를 만들어내는 건 어렵지만, 누구나 'Nobody'에서 'Somebody'로 발견되고 피어나며 서로에게 레퍼런스가 될 수 있다.

창고살롱은 모든 일과를 마친 한밤중, 편한 파자마 차림으로 온라인 줌 모임에서 열렸다. 창고살롱 로고는 지속 가능한 여성의 일과 삶을 지향하는 녹색을 핵심으로 하되, 주로 밤에 모이는 우리의 상황을 고려해 짙은 녹색을 주요 색으로 정했다. 어두운 밤에 빛나는 문을 열고 줌 화면에 접속하는 상황을 형상화한 이미지를 문으로 표현했다. 로고 속 문고리는 서로에게 레퍼런스가 되어주는 레퍼런서®들의 대화, 즉 따옴표를 상징하고 한 줄기 빛은 가능성의 발견을 뜻한다.

창고살롱의 탄생

인류가 문명을 발전시킬 수 있게 된 것은 잉여 물품 덕분이었다. 물건들을 잘 보관했다가 필요할 때 사용하기 위한 공간이 바로 '창고'였다. 그래서 창고는 인류의 삶과 다양하게 얽힌 구조물이다.

우리는 성수동에 있는 '대림창고' 카페에서 창고살롱의 시작점, 사이드 프로젝트 작당모의에 관한 첫 미팅을 했다. 다소 즉흥적이고 기억에 남는 프로젝트명을 구상하다가 암호명 '창고 프로젝트'가 탄생했는데, 후에 창고의 어원을 찾고 의미를 붙여 브랜딩했다. 결혼, 임신, 출산, 육아 혹은 부모 돌봄 등의 이유로 '나' 아닌 타인에게 자신의 시간과 수고를 내어주는 여성들을 떠올렸다. 누군가를 돌보는 책임을 맡는 동안 자아를 잠시 잘 보관해두는 자기만의 '창고', 고유한 진짜 자아*true-self, authentic self*를 만날 수 있는 커뮤니티가 되길 바랐다.

근대 유럽 사회에서 '살롱'은 지식 담론이 교류되고 새로운 사회적 상상력이 태어나는 지적 실험실이었다. 배경이 다양한 사람들이 이곳에서 신분과 계급을 초월하여 교류했다. 새로운 관점과 아이디어를 공유하고 인간관계, 지식, 담론이 오가는 토론의 장이 만들어졌다. 여성이 집에 지식인과 예술가들을 초청하고 대화를 주도한 모임이 문화적·지적 허브 역할을 한 셈이다.

나는 미래의 변화와 지식을 설계하는 중심인 살롱의 원형적 의미를 적용해 다채로운 레퍼런서® 서사를 담는 공간을 만들고 싶었다. 기존 권력 밖에서 탄생한 살롱에서의 대화와 사유가 당시 시민혁명의 토양이 되었던 것처럼, 연결된 개인들이 함께 사유하고 관계를 기반으로 우리 삶을 변화시키길 기대하면서.

'창고살롱 시즌 1' 서비스를 오픈했을 때 줌 화면에서 처음 만난 레퍼런서® 멤버들에게 어떻게 이 살롱을 알고 가입하기로 결심했는지 물었다. 신생 브랜드인 데다 3개월에 30만 원인 멤버십 가입비는 결코 적지 않은 금액이었다. 유일한 모집 창구는 인스타그램 채널뿐이었다. "서로에게 레퍼런스가 되는 곳'이라는 슬로건에 자석처럼 끌려 홀리듯 가입했다', '이곳이 궁금하고 프로그램이 재미있어 보여서 함께하고 싶었다'라는 멤버가 많았다. 우리는 창고살롱 문을 활짝 열어두고, 일과 삶의 다양한 변곡점에서 고민하는 여성들을 초대하고 환대했다.

바쁘고 고단한 하루를 마친 이들이 작은 줌 화면 안에 하나둘 모인다. 솔직하고 깊은 생각과 마음의 소리가 오가는 대화는 거대하고 심오하다. 오은 시인의 말처럼 "나에 대한 질문에서 시작했는데 우리의 질문과 대화로 이어진" 시간이 된다. 각자의 고유한 일과 삶의 다채로운 서사가 모여 서로에게 용기와 영감을 주는 좋은 레퍼런스가 되길, 그리고 작은 파동이 모여 사회 변화의 씨앗이 될 수 있기를 간절히 바란다. 정답은 늘 '연결과 함께의 과정' 속에 있다고 믿는다.

10장

나의 서사가 레퍼런스가 되는 곳

경험과 지식을 공유하는 대화의 장

#혼자서는 도달하지 못했을 사유의 순간들을 만날 수 있는 곳

#의중을 헤아리는 센스 가득한 곳

#궤도가 비슷한 사람들이 모여 있는 곳

#무엇이든 해볼 수 있는 안전한 판

#무슨 일이든 일어날 수 있는 곳

#'다 괜찮다'라고 말해주는 곳

#그냥 한번 해볼 수 있는 곳

#마음 붙일 곳. 마음 한구석이 든든해지는 곳

#무언가를 배우는 게 아니라 나누며 알게 되는 곳

#너무 좋은데 한마디로 뭐라 설명하기 어려운 곳

#돈으로 친구를 살 수 있는 곳

이 해시태그 키워드는 모두 레퍼런서® 멤버들의 창고살롱 브랜드 경험이다. 창고살롱은 크게 네 가지 프로그램으로 운영된다. 책이나 영화 콘텐츠를 기반으로 구조화된 대화를 나누는 스토리 살롱, 일과 삶의 변곡점에서 자신만의 선택을 내린 고유한 개인의 서사를 공유하는 레퍼런서® 살롱, 외부 인사를 초청해 지속 가능한 여성의 일과 삶에 대한 이야기를 듣고 나누는 스페셜 살롱, 그리고 멤버들의 자발적인 기획과 참여로 이루어지는 데뷔의 장, 소모임 살롱이 있다.

멤버들이 커뮤니티 창고살롱에서 함께하는 이유는 전문 지식을 습득하거나 신기술, 트렌드를 이해하기 위해서가 아니다. 경험과 지식을 공유하는 자리이기도 하지만 일방적인 강연회 형식으로 운영되지 않는다. 자기 검열 없이 솔직하게 있는 그대로의 자신을 오픈하여 대화하며 서로에게 집중한다. 현재 자신이 어디에 속해서 무슨 일을 하는 사람이라는 타이틀로 선입관을 갖지 않으니 각자의 고유한 스토리가 울림을 주고 서로에게 용기와 영감을 주는 좋은 레퍼런스가 된다. 생각해보지 못한 가능성의 세계를 접하게 되면서 스스로 생각이 확장되고 건강한 자아 회복에도 도움을 받는다.

OECD에서는 연령별 여성 경제 인구를 국가별로 비교한 그래프를 발표하고 있다.[*] 대부분의 국가에서는 완만한 역U 자 곡선이 나타나는 데 비해 한국과 일본은 특이하게 M 자형 곡선을 보인다. 여성의 경력 단절 이슈를 여과 없이 보여주는 사례다. 창고살롱을 운영하면서 M 자형 여성 커리어 곡선이라는 확고한 보편에 꾸준히 작은 균열을 내고, 궁극적인 변화의 시초를 만들고 싶었다. 창고살롱에 참여하는 여성들이 일에 대한 다른 태도와 시선으로 살아가는 데 필요한 사례를 꾸준히 콘텐츠로 만들고 공유하면서

★ "['27년 꼴찌' 성별임금격차] 30대 여성 고용률 추락 부르는 '경력단절', 한국이 최악", 《경향신문》, 2023년 3월 16일 자(https://www.khan.co.kr/article/202303160550021).

서로 좋은 자극을 얻고 환기하는 기회를 마련하고자 했다.

한 멤버는 이렇게 말했다. "스토리 살롱에 집중하고 나면 뇌 속 뉴런들이 전기를 뿜어내며 마구 뻗어나가는 기분이 듭니다. 새로운 분들을 만나 같은 책을 읽고 다양한 이야기를 나누는 기쁨이 그 원동력인 것 같아요."

레퍼런서® 멤버들은 책 읽기와 글쓰기에 관심이 많다. 허투루 시간을 보내지 않는 부지런한 열정 부자가 많다. 그래서 생각의 물꼬를 트고 열린 주제 대화를 이끄는 콘텐츠를 선정하는 게 중요하다. 각 시즌별로 주제에 어울리는 책이나 영화를 보고 구조화된 질문에 답하기 위해 생각에 집중하다 보면 사고가 확장된다. 그리고 평소 생각해보지 못한 지점까지 고민하고 답을 떠올릴 수 있게 된다.

매 시즌 스토리 살롱을 기획하고 사전 회의를 준비하는 데 많은 에너지를 쏟았다. 밀도 높은 대화의 향연으로 사전 미팅을 여러 차례 하는 경우도 있다. '지속 가능한 여성의 일과 삶'에 관한 의미 있는 경험과 인사이트를 나눌 수 있는 질문과 사후 글쓰기 과제 주제를 정하는 일은 늘 기대되고 즐겁다. 한편으로는 꽤 부담스럽고 때로 막막한 과정을 거친다. 하지만 함께 책을 읽고 이야기를 나누는 경험의 충만함은 언제나 이 모든 여정을 지탱하게 만든다.

'혼자서는 도달하지 못했을 사유의 순간들'은 다채로운 독서 경험에서 비롯된다. 독서가 진짜 자신에게 의미 있으려면 질문을 던지고 계속 생각하며 삶의 아주 작은 부분에서라도 어떤 시도와 적용을 해보아야 한다. 여성 작가의 자서전이나 소설, 에세이 등을 읽고 경험과 생각을 공유하며 지금의 생각과 마음, 혹은 앞으로의 바람을 나누는 것이 효과적이다.

여성은 아내, 엄마, 며느리, 딸 등 다양한 역할로 살아가며 여전히 삶에서 모순된 상황을 자주 맞닥뜨린다. 창고살롱에서 우리는 가정과 조직, 사회에서 개선하고 싶은 젠더 이슈에 대해 의견을 나누었다. 시즌마다 함께 읽은 책의 목록이 쌓여갈수록 특별한 기억이 소환되기도 한다. 예를 들면 최은영의 《밝은 밤》을 읽으며 정세랑의 《시선으로부터》에 등장하는 다양한 세대의 여성 서사를 떠올리기도 하고, 박완서의 《그 산이 정말 거기 있었을까》에 나오는 할머니들의 삶을 생각해보기도 했다. "각자의 이야기를 나누며 타인을 더 깊이 이해할 수 있는 시간이 되어간다”라는 한 레퍼런서® 멤버의 후기가 오래 마음에 남는다.

이렇게 창고살롱에 모인 사람들은 같은 텍스트를 읽고 ‘여성의 일과 삶’을 주제로 구조화된 질문에 답하며 따뜻한 공감과 위로를 주고받는다. 누군가 자신의 이야기를 집중해서 잘 들어주고 응원할 때, 진심을 곡해 없이 받아줄 때 자기 안에서 작은 가능성이 꿈틀댄다. 자신도 몰랐던 장점과 강점, 생각해보지 않던 좋은 면모를 애정 어린 시선으로 관찰하고 발견해서 서로에게 이야기해주며 위로를 전한다. 《롤모델보다 레퍼런스》를 함께 읽으며 “내가 20대 때 이런 책이 있었다면 정말 좋았겠다”라고 20대 저자들을 부러워한 멤버도 있었고, 자녀를 막 대학에 보낸 다른 멤버는 육아휴직 도중 창고살롱에 가입한 멤버를 환영하며 “내가 육아맘일 때 창고살롱이 있었다면 고립되거나 외롭지 않았을 것”이라고 부러움과 아쉬움을 전하기도 했다.

개인의 서사에 공명하기

레퍼런서® 살롱은 서로에게 레퍼런서®가 되어주는 창고살롱의 시그니처 프로그램이다. 특정 시점, 어떤 분야 정상에 올라 있는 누군가의 지위나 성취를 조명하는 세션이 아니다. 크게 성공한 사람에게 스포트라이트를 비추지 않는다. 평범하지만 고유한 자신만의 일과 삶의 변곡점을 지나는 레퍼런서® 서사를 숏컷이 아닌 롱테이크로 잘 회고하고 정리할 수 있도록 도와서 시즌 주제에 맞는 스토리로 가공하고 준비해 나눈다. 시즌을 더해갈수록 평범한 레퍼런서®들의 진솔하고 속 깊은 회고와 정리를 더한 서사가 얼마나 강력한지 실감할 수 있었다.

나도 혼자서는 잘 정리하지 못했던 5년의 경력 단절 시간을 레퍼런서® 살롱 덕분에 진지하게 회고해볼 수 있었다. 새로운 일의 기회는 대단한 스펙이나 스킬이 아니라 사람을 통한 연결, 그들의 애정 어린 시선과 지지, 그리고 아주 작은 시도들 덕분이었다는 걸 좀 더 선명하게 깨달았다. 레퍼런서® 살롱 이후 어떤 이는 외부 강연 요청을 받기도 하

고 신문 칼럼에 소개되기도 했다. 또 누군가는 레퍼런서®
살롱에서 나눈 이야기와 연결된 주제로 소모임 살롱 요청
이 쇄도해 새로운 주제의 소모임 살롱을 열기도 했다.

창고살롱의 힘은 명성 있는 '누군가의 영향력'이 아니라
서로 다른 각자의 경험과 생각을 나누는 데서 나온다. 서로
의 이야기를 귀 기울여 듣고 공감하며 응원하는 일. 그 고
요하고 소박한 대화가 누군가에게는 긍정적인 내일을 기
대할 가능성과 용기가 된다.

창고살롱에서는 누구나 레퍼런서®가 될 수 있다. 누군
가의 고군분투가 위로가 되고, 누군가의 시도가 또 다른 가
능성을 제시한다. 우리가 함께 나눈 서사들은 한 줄기 빛처
럼 작지만 선명하게 서로를 비춘다. 그리고 그 이야기들이
모여 새로운 질문을 던진다.

나는 어떤 이야기로, 누구의 레퍼런서®가 될 것인가?

11장

지속 가능한 일을 위한 새로운 고민

세 번의 퇴사에서 깨달은 교훈

창업을 결심하던 시기 나의 화두는 단연 '지속 가능성'이었다.

내 커리어에는 세 번의 퇴사가 있다. 첫 번째 직장인 대기업에서 글로벌 마케터로 일할 땐 무척 다이내믹하고 재미있었지만 두 아이를 양육하면서 일과 가정을 양립하지 못했다. 회계사 출신 작가 이총희는 《제 커리어에 육아는 없었습니다만》(지식의날개, 2014)에서 "출산과 육아를 하면서 일과 가정 양립이 가능하다는 건 엄친아 같은 소리며,

사회적 가스라이팅"이라고 썼다. 이처럼 엄마 역할이 내 인생에 새로이 더해졌는데 기존의 직장인 역할 비중을 조정할 수 없어 전전긍긍하는 일상이 반복되었다. 트렌드 변화가 빠른 마케팅 업무는 일단 커리어 공백이 생기면 이전 커리어로 돌아가기 어렵다는 걸 일터를 떠난 뒤에야 알았다.

경력 공백 이후 두 번째로 일을 시작한 곳은 창업 초기 스타트업이었다. 이곳에서는 3개월 수습 기간을 다 채우지 못하고 빠르게 퇴사를 결정했다. 마음을 다잡고 각오를 다지며 다시 선택한 직장 생활이었는데 실패감이 컸다. 마지막으로 퇴사한 곳은 진저티프로젝트였다. 포용적이고 기다려줄 줄 아는 동료들 덕분에 직장인에서 1인 브랜드로 커리어 변곡점을 찾을 수 있었고, 이 경험이 창업으로 이어졌다.

세 번의 퇴사 모두 치열한 고민 끝에 내린 최선의 결과였지만, 나중에 느낀 감정은 크게 달랐다. 첫 번째 퇴사는 주변의 기대, 사회적 요구에 따른 결정으로 누군가를 돌보기 위한 멈춤이었다. 직접적이고 명시적인 외부 압력은 없었지만 일과 돌봄의 충돌 때문에 매일 회사에서도 집에서도 죄책감과 실패감에 어쩔 줄을 몰랐다.

윤태호 작가의 웹툰《미생》에는 이런 대사가 나온다. "회사 입장에선 가정이란 악성 채무다." 이 말은 육아, 돌봄을 예측과 관리가 불가능한 변수로 보고 조직의 효율을 떨어뜨리는 위험 요소로 간주하는 시각에서 나왔다. 조직사회학자 조앤 애커는 기업이 상정하는 이상적 근로자를 "시간과 장소 제약이 없는, 가정의 책임이 없는 남성"으로 정의한다. 가정이 있는 여성은 이상적 근로자에서 제외된다는 뜻이기도 하다. 가정은 사회의 가장 기초적인 생산 단위이기도 한데 기업은 가정 구성과 존속의 핵심인 돌봄(노동)이 여성 개인에게 전가되는 것을 가정하고 이를 채무로 본 것이다.

여전히 여성이 일하기 힘든 사회

하버드대학교 경제학과 최초의 여성 종신교수이자 노벨경제학상 수상자 클라우디아 골딘은《커리어 그리고 가

정: 평등을 향한 여성들의 기나긴 여정 *Career and Family: Women's Century-Long Journey Toward Equit*》(생각의힘, 2021)에서 지난 100년간의 미국 대졸 여성들을 다섯 세대로 나누어 남녀 소득 격차를 추적한 연구를 소개한다. 여성이 교육받을 기회가 확대되고 피임약이 등장하여 임신과 출산을 계획, 통제할 수 있게 된 오늘날에도 여전히 남녀 임금 격차가 좁혀지지 않는 원인으로 골딘은 '탐욕스러운 일자리*greedy work*' 문제를 지적한다. 이는 예측 불가능한 장시간 노동을 요구하며 그 대가로 높은 임금을 지급하는 일자리를 말한다. 법조계, 금융, 회계 등을 예로 드는데 이런 일은 저녁이나 주말의 긴급한 호출에도 언제든지 온콜*on-call* 상태이기를 요구한다.

골딘은 성별 임금 격차의 원인을 개인 역량이나 선택의 문제가 아닌 사회구조적 문제로 진단한다. 언제든지 일할 준비가 되어 있는 사람만이 승진과 보상을 얻는 구조에서는 일에 비정상적으로 많은 시간을 투입해야 하고, 유연성도 거의 없다. 노동자의 삶에서 일 이외의 다른 모든 영역을 희생하고 또 스스로를 소외시키게 만든다. 결국 시간과 헌신을 무제한으로 요구하는 탐욕스러운 일자리는 가족을 돌보는 사람, 대다수의 경우 여성을 구조적으로 배제하는 노동 구조의 문제이다.

100퍼센트 회사 인간이자 워크홀릭이던 나의 예전 직장 생활이 떠올랐다. 밤 시간이나 심지어 주말에도 계속 이메일을 체크하고 항상 전화를 받으려는 상태를 유지했던 내 모습이 소환되었다. 읽지 않은 이메일 표시를 빨리 없애고 싶었고, 발신을 요구하는 내용에 오랜 시간 고민하고 심사숙고한다는 핑계로 지체하고 싶지 않았다. 농민적 근면성을 어필하듯 새 이메일을 확인하면 최대한 짧은 시간 내에 회신하려고 노력했다. 기다리는 상대를 고려해 이메일을 확인하는 즉시 답변하는 게 미덕이라 여겼다. 늦은 밤도, 주말도 개의치 않고 일했다. 일을 잘한다는 인정에 도취되어 더 탐욕스럽게 나를 밀어붙였다.

엄마가 된 이후에도 조직에서는 여전히 똑같은 업무 강도와 충성심을 요구했다. 나는 두 번의 육아휴직 공백을 메워보고자 안간힘을 썼다. 엄마가 되기 이전처럼 스포트라이트를 받는 중요한 업무, 다양한 지역과 조직의 많은 사람이 함께하는 프로젝트 책임을 맡는 것이 여전히 즐거웠다.

다만 문제는 '지속 가능성'이었다. 회사에서 모든 에너지를 사용하고 집으로 돌아오면 아이들과 퀄리티 타임을 보낼 마음의 여유와 체력과 시간이 남아 있지 않았다. 언제 방전될지 모르는 핸드폰처럼 저전력 모드로 엄마로서 최소한의 의무만 간신히 유지하고 있었다.

그런 일상이 반복되며 남편과도 갈등이 잦아졌다. 그는 아이들과의 저녁 시간을 꼭 지키려고 노력했다. 회식도 업무의 연장인데(지금은 이렇게 생각하지 않지만 당시엔 그랬다) 회식 대신 가족과 보내는 시간을 선택하는 그를 은근 염려하기도 했다. 회사와 가정 중 우선순위를 두고 서로 다른 선택을 하는 상대를 이해하지 못하는 일이 많아지며 충돌하는 횟수도 늘었다. 급기야 해외 출장 일정이 생기거나 야근할 때 남편에게 메시지를 보내면, 확인하고도 답장하지 않고 대화를 거부하는 정도까지 이르렀다. 나는 여전히 조직에서 유능한 '전 과장'이고 싶었고 일도 무척 재미있는데 대체 뭐가 문제인지, 어디서부터 무엇이 잘못됐는지 답답하기만 했다.

결국 가정과 회사 둘 중 하나만 선택해야 하는 최악의

상황이 되어서야 황급히 퇴사를 결정했다. 커리어 정점에서 갑자기 무대 뒤로 사라지듯 그렇게 사회인으로서의 내 자리를 떠났다.

두 번째 퇴사는 짧은 기간에 혼란한 시간을 지나며 내린 결단이었다. 신뢰가 결여된 상황에 반복적으로 노출되다 회의가 커졌고, 회사를 떠남으로써 마침표를 찍었다.

세 번째 퇴사도 처음부터 자발적인 건 아니었다. 1년 반 동안 내가 일하는 모습을 가까이에서 지켜본 동료들의 권유와 응원이 아니었다면 창업은 아마 내 커리어 선택지에 등장하지 않았을지도 모른다. 동료들은 애정 어린 시선과 예리한 관찰력으로 내가 무얼 좋아하는지, 어떤 강점이 있는지, 무슨 일에 흥미를 느끼고 더 많은 열정을 보이는지 꾸준히 이야기하며 창업할 것을 강권했다.

완벽한 경로는 없다

앞선 두 번의 퇴사는 객관적으로 보면 충분히 자발적인

선택이었다. 상황에 등 떠밀려 내린 결정이라는 점도 비슷하다. 하지만 결정적인 차이가 있다. 바로 누구를 위한 일이냐는 점이다. 첫 번째 퇴사에는 '나'가 없었다. '나만 포기하면 돼'라는 한 문장으로 당시 상황이 정리되는 걸 보면 내가 잘할 수 있는 일, 내가 좋아하는 것, 나에게 중요한 가치 등에 대한 질문은 엄마라는 숙명적이고 당연한 역할에 가려져 감히 꺼낼 생각조차 하지 못했다. 나다움, 정체성identity이 역할role에 압도되었다.

부모됨에 부여되는 양육자 역할은 엄마와 아빠 공동의 몫이다. 《커리어 그리고 가정》에 소개되는 그로밋 창립자이자 CEO 줄스 피에리는 "가정생활은 남편과 번갈아 리드하며 추는 발레"라고 표현했다. 자녀 양육과 돌봄은 결코 한 명이 희생해서 전담해야 하는 종류의 노동이 될 수 없다. 당시 우리의 선택에 대해 가끔 남편과 이야기한다. 그때로 돌아간다면 우리는 어쩌면 다른 선택을 할 수도 있겠다는 상상도 하면서.

커리어는 실패와 시도, 탐색과 도전의 여정이다. 계획대로 되지 않은 길에서 오히려 알지 못했던 나를 발견하고 찾아가는 과정에서 코어를 단단하게 만드는 근육이 생겼다. 나에게 커리어 설계란 더 이상 완벽한 경로를 미리 그리거나 사다리를 오르는 일이 아니다. 과정의 시행착오를 성실하게 꾸준히 지나며 원하는 방식으로 일할 수 있는 구조를 실험하는 일이다. 일과 삶이 통합되고 서로 강화하는 '워라인*Work Life Integration/Enhancement*'이라면 가능하지 않을까. 평생 현역으로 일하며 계속 새로운 걸 배우고 세상과 연결되어 소통하는 지속 가능한 삶을 꿈꾼다.

우리가 함께 나눈 서사들은 한 줄기 빛처럼
작지만 선명하게 서로를 비춘다.
그리고 그 이야기들이 모여 새로운 질문을 던진다.
나는 어떤 이야기로, 누구의 레퍼런서®가 될 것인가?

3부

나의 길을
확장하다

자기만의 일로 독립한
레퍼런서®들의 이야기

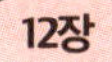

12장

우연히
시작한

1인
브랜드

좋아하는 일을 업으로 삼다

자신이 좋아하는 일로 돈도 버는 이들에 대한 존경과 로망이 있다. 창고살롱에서 자신만의 브랜드를 만들고 꾸려가는 다양한 레퍼런서®를 만났다. 이들도 커리어 초기부터 사업을 시작한 건 아니었다. 여성 생애 주기에 따른 결혼, 임신, 출산, 육아기를 거치며 기존에 하던 일을 못 하게 된 상황이 창업하는 계기가 되었다. 유료 멤버십 서비스를 막 시작한 초보 창업가인 내게 이들은 창업 선배로서 많은 영감과 도전이 되어주었다. 각자 몸담은 분야, 경력, 지역은 달랐지만 나보다 앞선 여성 사업가이자 동시에 엄마인 이들의 서사는 보물 같은 이야기였다.

레퍼런서® 이수지 님은 '달리운동장' 짐*gym* 대표이자 운동 강사이다. 그 밖에도 채소 소믈리에이자 오너 셰프인 남편이 운영하는 합정동 최애 맛집 이탈리안 레스토랑 폴베리*Polveri* 마케터, 에어비앤비 호스트, 독립 매거진 마케터, 나이키 트레이너에 이르기까지 하는 일이 다양하다. 최근엔 이 분주한 일상 속에서 운동처방 대학원 과정도 마쳤다.

'열정'이란 단어를 빼고 수지 님을 설명할 수 없다. 우리가 처음 만났을 때 그녀는 10년간 마케터로 일하다 퇴사한 지 5년이 지난 자영업자였다. 운동을 배우던 선생님과 합이 잘 맞아 함께 그룹 운동 스튜디오를 운영해볼 계획으로 덜컥 임대 계약을 체결하고 창업하게 되었다고 한다. 그런데 일을 벌이자마자 목 디스크와 허리 디스크에 걸려 몇 달간 통증에 시달려야 했고, 삶의 질이 떨어져 우울한 일상을 보내야만 했다. 이때 수지 님은 SNPE 바른자세척추운동을 배우면서 통증에서 해방되었다. 그래서 SNPE 강사 자격증을 따고 운동처방 대학원에 진학해 몸과 움직임, 운동에 대한 공부를 이어갔다.

운동이란 몸에 맞는 움직임을 지속하는 것인데, 그전까지 수지 님은 주로 다이어트에 관심 있었고, 운동을 지속할 만한 동기부여가 충분하지 않았다. 하지만 우여곡절 끝에, 힘들어도 억울해하지 않고, 고단해도 계속하고 싶은 진짜 자신만의 일, 좋아하고 잘하는 '운동'을 직업으로 갖게 되었다. 그녀는 어릴 때부터 운동을 좋아하고 잘했었다고 회상했다. 그렇지만 부모님의 기대나 사회 인식이 운동을 직업으로 생각할 수 있는 분위기가 아니었다고 씁쓸해했다. 직장을 그만두고 35세가 되던 해, 수지님은 먼 길을 돌아 마침내 좋아하는 일을 직업으로 삼을 수 있게 된 것 같다며 열정적인 삶의 비결을 들려주었다.

무슨 일을 그렇게 많이 하느냐는 놀람과 핀잔을 자주 듣지만, 수지 님은 늘 좋아하는 일과 해야 하는 일 사이에서 균형을 잡으며 지낸다. 힘든 줄도 모르고 공부하며 일하며 즐겁게 사는 그녀는 어려워도 꾸준히 할 수 있는 일, 좀 괴로운 구간이 있어도 괜찮은 일을 찾으라고 다른 이들에게 조언한다. '운동'이 수진 님에겐 그런 일이다. 그녀는 하고 싶은 일을 하려면 체력이 가장 중요하다며 운동 강의 외에도 매일 하루도 거르지 않고 40분간 유산소운동과 근력운동 등 개인 운동을 한다. 지난 2년간 한 번도 아픈 적이 없던 그녀의 건강 비결은 틀림없이 운동이리라.

안전한 먹거리를 직접 만들다

지속 가능한 일과 삶을 위해서는 속도 조절이 반드시 필요하다. 일 욕심이 많고 조직에서 유능하다고 인정받던 레퍼런서® 주영 님은 다음과 같이 말했다.

"인생에는 다양한 속도가 있잖아요. KTX를 타고 효율적으로 전력 질주하는 구간도 있지만 무궁화호를 타고 창밖 풍경도 여유롭게 즐기면서 천천히 지나는 때도 있죠. 저는 육아하는 시간이 그런 때라고 생각해요."

중요한 건 속도보다 방향이니까, 삶의 목표와 지향점을 점검하면서 꾸준히 자신에게 맞는 방향으로 1도씩 조정하면 된다. 인생은 무조건 앞만 보고 전력 질주로 끝낼 수 있는 쇼트트랙이 아니니까. 저마다 다양한 코스를 자신만의 속도로 지나며 각자의 의미를 발견하고 기억하면 충분하다.

레퍼런서® 두란 님은 수제 비건 그래놀라 '고마워서그래'를 만드는 식품 사업자이다. 그녀는 인생의 전환점으로 출산과 육아, 아이의 알레르기를 꼽는다. 첫 아이는 음식 알레르기가 심했다. 알레르기를 유발하는 음식을 잘못 먹으면 쇼크가 올 정도로 심각한 상황까지 벌어질 수 있었다. 두란 님은 아이가 먹는 음식을 하나부터 열까지 관리해야만 했다. 아이가 또래와 어울릴 때 케이크나 쿠키 등의 간식을 혼자서만 먹지 못하는 안타까운 일이 자주 일어났다.

두란 님은 음식을 제한하고 알레르기를 통제하는 대신 아이가 마음껏 먹을 수 있고 알레르기 유발 요인이 없는 케이크와 쿠키를 찾기 시작했다. 비건 케이크를 구입하기 위해 천안에서 KTX를 타고 서울에 있는 비건 빵집에 방문하고, 아이 생일 때 모두가 마음껏 먹을 수 있는 비건 케이크와 쿠키 레시피를 배워 만들었다.

"언제나 아이는 새로운 세계를 열어주는 일등 공신"이라고 두란 님은 말한다. 그렇게 식품 알레르기가 있더라도

‘모두가 함께’ 걱정 없이 즐길 수 있는 비건 그래놀라 브랜드 ‘고마워서그래’가 탄생했다. 상황에 한계를 두지 않고 매일 비건 수제 그래놀라를 굽는 두란 님에게서 나는 절실함이 만든 혁신과 창의성을 배울 수 있었다.

경험해보지 않으면 제대로 상상할 수 없는 일이 있다. 이성적으로 공감 능력을 발휘해볼 수는 있겠지만 구체적 상황을 모두 헤아리고 이해하기는 쉽지 않다. 내겐 결혼, 임신, 출산, 육아 같은 삶의 변곡점에서 커리어 전환을 맞은 여성들의 고민하는 마음이 그러했다. 결혼했다고, 출산 후 엄마가 되었다고 해서 유능하던 선배나 동료가 갑자기 자신의 업무를 소홀히 할 때는 무책임하다고 생각한 적도 있었다.

인생의 어떤 시기를 지나며 누구도 대체할 수 없는 여러 역할을 감당해야 할 때가 있는 거라고, 양육자로서 직장 생활을 병행하게 될 때는 이전과 다른 게 너무나 당연한 일이라고 누구도 가르쳐주지 않았다. 육아에 집중하는 시기에는 무엇보다 부모라는 새로운 역할에 적응하는 절대 시간이 필요하다. 부모됨에 대한 인정, 일과 삶의 공존을 탐색하는 과정은 중요한 삶의 진리를 알려준다. 우리 사회가 이런 사실을 자연스레 받아들일 수 있도록 변화할 필요가 있다.

13장

자기 발견을 위한 탐색의 시간

육아와 함께 자신을 돌보다

경력보유여성들은 사회에 돌아와 일을 시작할 때 걱정과 두려움, 혼란스러움을 느낀다. 이전에 어떤 분야에서 일했든 '경력 단절'이 주는 부담과 긴장감이 있기 때문이다.

경력 공백이 생기기 전에 활발하게 사회생활을 하던 이들은 퇴사 후 행보가 비슷했다. 성실하게 일하던 관성과 일 근육을 집 안에서만 지니고 있는 경우는 드물었다. 아이를 돌보고 집안일을 챙기면서도 시간에 따라 병행할 수 있는 크고 작은 일을 끊임없이 찾아서 다양한 배움과 도전을 이어간다는 공통점이 있었다.

레퍼런서® 중에는 육아휴직 시기에 살롱에 참여한 멤버들도 있다. 나는 '쉬어 가는 마음'을 주제로 이들과 소모임 살롱을 열고 각자 삶의 맥락에 따라 육아휴직 기간을 어떻게 보냈는지 회고했다. 그리고 미래에 대한 고민과 두려움이 많은 예비 맘*mom-to-be* 커리어우먼, 다음 세대와 함께 이 시대를 살아가야 하는 부모 등의 솔직한 고민과 휴직 경험을 함께 나누었다.

레퍼런서® 은애 님은 휴직 동안 다양한 프로그램에 참여했다. 고민하고 정리하는 시기는 읽고 쓰며 자아를 탐색하는 시간이 되었다. 첫째 아이 육아휴직 때는 그저 아이만 열심히 키웠는데 둘째 아이 육아휴직 시기에는 스스로를 키우고 돌아보며 지냈다. 자신이 어떤 사람인지, 무엇을 좋아하고 어떤 일을 잘할 수 있는 사람인지 알기 위해 노력했다. 창고살롱에 참여하며 가장 크게 변화한 것은 심리적 안정감이다. 회사에 다닐 때는 주변에 일하는 엄마가 많지 않아서 '다른 사람들은 대체 어떻게 일하면서 아이를 키울까?' 궁금했는데 육아휴직 중 만난 다양한 멤버들의 이야기를 통해 '나만 이런 게 아니구나' 하는 위로와 자신감을 얻었다. 창고살롱에서 함께 책을 읽고, 글을 쓰고, 생각하고, 말하면서 스스로를 더 잘 이해하게 되고 타인에 대한 관심도 많아졌다. 복직을 앞둔 은애 님은 "다른 사람과 비교하지 않고 나만의 서사와 경험치를 쌓아가려고 해요"라며 단단한 소감을 남겼다.

레퍼런서Ⓡ 지은 님은 첫째 아이를 낳고 육아휴직을 할 때 창고살롱과 인연을 맺었다. 휴직 초반에는 첫째 아이에게 해주고 싶은 게 많았다. 욕심은 많은데 다 할 수 없어서 힘들었지만, 우연히 '다 해주는 엄마'에 대한 콘텐츠를 보면서 스스로를 괴롭히지 않기로 마음을 다잡았다. 자신이 할 수 있는 선을 정하고 남편과 상의하고 일정을 조율해 자신을 위한 시간을 만들었다. 휴직 기간을 어떻게 보내야 한다는 정답은 없다며, 쉼조차도 잘 보내야겠다고 고민하는 사람에게 이런 메시지를 전했다.

"'잘'이라는 단어를 버리고 재충전하는 시간을 가져보셔도 좋을 것 같아요. 그런 시간도 의미가 있고 꼭 필요하니까요."

25년 차 직장인 레퍼런서® 점순 님은 커리어 방향을 고민하다 육아휴직을 신청했다. 처음으로 자신을 위한 시간을 가지기로 선택하면서 우연히 창고살롱에 참여하게 되었다. 그녀는 휴직 중에 운동, 가야금 배우기, 어린이 도서 연구회 활동, 글쓰기, 아동 발달 심리학 공부, 프리 다이빙 등 버킷리스트에 있던 다양한 활동을 하나하나 해보았다. 두 아이와도 여유롭고 행복한 시간을 보냈다.

"용기와 여유가 생긴 것 같아요. 마음도 편해지고 주변 사람들과의 관계도 조금씩 달라졌어요. 복직하면 또 이전처럼 정신없이 살게 될 테지만 남은 휴직 기간도 여유롭게 잘 보내려고 해요."

그동안 해보지 않던 걸 시도하며 점순 님은 회사에서는 접할 수 없던 사람을 많이 만나고 다양한 이야기를 듣게 되었다고 전했다. 이제는 불편한 상황에서도 좀 더 여유 있는 자신을 발견한다고 한다.

변화를 위한 멈춤

2024년 대한민국은 합계 출산율[*]이 평균 0.75명으로 OECD 국가 중 최저 수준이고, 2018년 이후 그 수치가 1.0 이하인 유일한 국가이다. 특히 서울의 합계 출산율은 0.58로 전국에서 가장 낮다. 저출산 개선은 우리나라의 주요 미래 과제이기도 하다. 이 현상은 지속 가능한 여성의 일과 삶을 고려하지 않는 사회에는 미래가 없다는 강력한 증거 아닐까? 나는 다른 여성들이 일과 가정사 모두 완벽하게 잘해내리라는 슈퍼우먼에 대한 허상에 지쳐 중도 포기하지 않기를 바란다. 둘 다 잘할 수 없는 건 당연한 현실이니 마음 편히 받아들이고, 맘스트랙*mommy track*에 만족하라는 공허한 대안을 사회제도 혁신과 가름하지 않기를 바란다.

임신, 출산 시기를 용케 잘 지났더라도 육아라는 장거리 레이스를 시작하며 커리어 트랙에서 이탈하는 여성이 적지 않다. 돌봄 사유로 경력이 단절되는 여성 비율은 매년

[*] 여성 한 명이 평생 낳을 것으로 예상되는 평균 출생아 수.

40퍼센트를 웃돈다. 여기에 임신, 출산과 자녀 교육 등의 사유를 합하면 70퍼센트 가까이 된다.[*] 이들이 어느 정도 육아에 집중하는 시기를 마치고 사회로 돌아오고자 할 때 현실적으로 가능한 일의 선택지는 그리 다양하지 않다. 대부분 최저시급 수준의 단순 일자리 위주이다. 업무 만족도도, 보상도, 어느 하나 일과 삶의 팽팽한 긴장감을 다시 유지하고 트랙 위에 올라설 각오를 다잡으리만치 매력적이지 않다. 트랙 밖으로 물러나 있는 시간은 빠르게 흐르고, 같이 달리던 동료들은 어느새 리더가 되어 있다. 경력 공백 기간이 길어질수록 사회에 성공적으로 복귀하는 건 정말 판타지 같은 이야기이다.

둘째 아이를 임신한 지 7개월이 지났을 때 창고살롱에 참여한 레퍼런서® 려진 님은 박혜윤 저자의 《숲속의 자본주의자》(다산초당, 2021) 스토리 살롱에 참여했다. 그녀는 글쓰기 과제였던 '나답게 살기 위해 꼭 필요한 세 가지'에 대

---

[*] e-지표누리, '여성 경력 단절 사유' 그래프(https://www.index.go.kr/unity/potal/main/EachDtlPageDetail.do?idx_cd=3039). "여성 42%가 겪는 경력 단절, 이래선 저출생 극복 못한다",《경향신문》, 2023년 6월 2일 자(https://www.khan.co.kr/article/202306022027015#ENT).

해 "질문, 대답, 타인"이라고 썼다. "스스로에게 던지는 질문은 우리로 하여금 잠시 멈추고 상황과 자신을 다시 돌아보게 만드는 것 같다"라고. 타인이라는 자극제가 몰랐던 나 자신을 알게 하고, 변하게도 하고, 나다울 용기를 준다. 끊임없이 다가오는 인생 질문에 자신만의 답을 찾아보려 끈질기게 노력하고 취향이 맞는 사람들과 연결되어 좋은 영향을 주고받으려 진심을 다하는 과정은 멤버들이 더욱 단단하고 안정감 있는 어른으로, 엄마로, 빛나는 여성으로 성장하는 여정에 영양분이 되었다.

나는 출산 후 드라마틱하게 바뀌는 복잡다단한 현실에 좌절하고 힘들어하기보다 지금 이 시간에 온전히 집중하며 현재의 나와 가족이 할 수 있는 중요하고 의미 있는 일들을 함께해나가는 레퍼런서®들에게서 희망을 보았다. 사회적 기준과 조건, 환경에 자신을 재단하고 맞추기보다 자기 생각과 마음에 집중해 스스로에 대한 이해를 높여갈 때 단단한 내공으로 무장할 수 있다. 평안과 희망이 다음 여정에 강한 추진 연료가 되어줄 것이다.

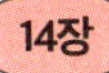

14장

삶의
의미를
찾아준

새벽
저널링

새벽마다 워룸에서
인생을 고민하다

'나는 누구인가?'

이 질문이 절실한 순간들이 있다. 사춘기나 졸업반 시절, 진로를 생각하며 누구나 정체성에 관해 고민한다. 내가 누구인지, 삶의 의미는 무엇인지 같은 인생의 큰 질문에 대한 답은 어떻게 찾으면 좋을까.

보스턴에 사는 레퍼런서® 윤승 님은 5년간 매일 새벽 4시 30분에 일어나 워룸*war room*에 앉았다. 워룸은 워크인 옷장 한켠에 마련한 특별한 공간으로, 내면의 소음을 잠잠히 거르고 진짜 자아를 찾아가는 자리였다. 작가에게 서재가 있듯이 그녀에게는 워룸이 중요했다. 고요한 새벽, 1리터의 물을 끓여놓고 펜을 들고 노트를 펼친다. 인생의 다음 코스로 준비되어 있던 하버드대학교 박사과정 입학을 포기하고 무명으로 지낸 5년. 그녀가 선택한 것은 저널링이었다. 내가 누구인지, 어떤 사람인지에 대한 정체성 고민, 더구나 엄마가 되면서 더 절실해진 자신에 대한 고민을 콘텐츠 플랫폼 브런치에 연재했다. 믿음을 통해 정체성을 찾아온 윤승 님의 과정과 기록으로 전해진 언어에는 힘이 있었다.

영화 〈브루클린〉을 보고 모인 스토리살롱에서 윤승 님은 '나의 진짜 집은 어디일까?'를 주제로 글쓰기 과제를 제출했다. 윤승 님은 16살 중학생 때 조기유학으로 미국에 갔다. 어느새 미국에서 지낸 시간이 한국에서 자란 시간보다 많은 20년을 훌쩍 넘겼다. 이방인으로 살아온 시간이 긴 만큼 한국이나 미국 어디에서건 늘 '집'에 대해 고민했다는 그녀는 이제 가족이 있는 곳을 집이라고 생각한다. 두 아이에게도 집 같은 존재가 되는 엄마이길 바란다.

레퍼런서® 살롱에서 우리는 자신의 일과 삶의 서사를 나누었다. 윤승 님의 경우 '하버드'와 '경력 단절'이라는 키워드의 대비가 강렬했다. 세상에서 성공했다고 인정할 만한 하버드대학교 박사과정에 순조롭게 진학할 수 있었던 순간에 갑자기 모든 걸 멈추는 큰 결단을 한 그녀의 용기에 많은 이가 박수를 보내기도, 또 조금 의아해하기도 했다.

전업주부로 두 아이 양육과 집안 살림을 하며 지내는 동안 윤승 님은 매일 이른 새벽에 저널링을 했다. 자신만의 정체성을 찾기 위해 질문을 던지고 메모를 이어가며 꼬박 5년의 시간을 보냈다. 그리고 세상이 부여한 타이틀과 그 어떤 대단한 역할이 아닌 본래 태어난 모습 그대로의 반짝이는 존재로서 충분하다는 걸 깨닫게 되었다고 그녀는 고백했다. 도저히 하루에 다 해낼 수 없는 투두*to-do* 리스트를 지워가며 늘 쫓기듯 살았던 지난날처럼 지내지 않아도 더 이상은 불안하거나 두렵지 않다고, 내가 누구인지 나의 소명은 무엇인지 알아가는 그 저널링 과정이 인생에 꼭 필요하고 소중한 시간이었다고 했다.

사랑 vs. 두려움,
무엇을 선택할 것인가

　인생 여정에서 다양한 변곡점을 마주할 때 의사 결정을 내리는 기준을 윤승 님은 두 가지 렌즈로 설명했다. 간단하고 명료한 기준에 대한 통찰을 그녀는 저널링에서 얻었다. 하나는 '두려움'에서 기인한 것이고 다른 하나는 '사랑'에 기반한 것이라는 판단이다. 어떤 선택을 할 때 그것이 미래의 두려운 결과를 회피하기 위한 것인지, 아니면 진심 어린 사랑의 결과인지가 중요하다. '사랑 대 두려움'의 시각에 다른 멤버들도 공감했다.

　'두려움'은 세상의 잣대, 남들의 시선, 부모님의 기대 등 다른 이름이라는 걸 모두 직관적으로 이해했다. '내가 누구인가'라는 정체성을 찾기 위해, 연구자 혹은 교수가 될 가능성이 높은 탄탄대로의 박사과정에 입학하지 않기로 결정한 윤승 님은 이후 어떤 소속이나 타이틀 없이 무명으로 지낸 시간을 폄하하지 않았다. 외부 환경이나 상황의 압력에 굴하지 않은 스스로의 고민과 결심에서 형성된 단단함이 있었다.

나도 윤승 님처럼 5년을 무명*no name*으로 보냈다. 육아를 오롯이 감당하는 것이 엄마의 의무이고 남편이 가장이 되는 것이 좀 더 보편타당하다는 암묵지에 따라 선택한 결과였다. 그 후 나는 엄마의 역할과 스스로에 대한 정체성 사이에서 갈피를 잡느라 소리 없이 씨름하는 시간을 보냈다. 회사에서 인정받는 유능한 직원을 정체성으로 삼았기에 아이들의 필요를 최선으로 충족시켜주어야 한다는 '퍼펙트 마더' 강박이 있었다. 대체 무엇이 완벽한지도 모르면서 어떤 것이든 열심히 했다. 온갖 육아서와 맘 카페, 남편과 양가 부모님이 각자 그리는 아이들에게 이상적인 엄마상이 있었을 것이다. 누가 강요한 적도 없는데 나는 그 각각의 기준을 충족시키고자 보이지 않게 애쓰면서 지쳐가고 있었다.

사랑과 두려움의 상반된 시선으로 내가 아이들을 대하는 태도와 엄마 역할을 스스로 어떻게 정의하고 있는지를 돌아봤다. 나의 정보력 부족이나 무관심으로 아이들에게 좋은 교육 기회를 충분히 제공해주지 못할까 봐 두려웠다.

두 아이 각자의 관심이나 흥미에서 출발하는 것이 아니라, 시기마다 유행하는 인기 높은 교육기관이나 교육과정을 놓칠까 봐 전전긍긍했다. 커리어에 대한 관점도 비슷했다. 어느 조직에 속한 누구가 되지 않은 게 충분히 괜찮지 않았다. 스스로에게 늘 아쉬움과 부족함을 느꼈다.

1기 저널링 소모임 살롱을 함께 마치고 2기 소모임 살롱을 확정했을 때 참여 멤버들은 긍정적인 변화와 감동을 느꼈다. 그저 용기 내어 작은 시도의 한 발을 내디뎠을 뿐인데, 나누고 실행하면 누군가에게 좋은 영향이 전달된다는 사실을 알게 되었다. 생각지 못한 마음의 움직임과 가치관의 변화가 온라인 4주 세션으로 가능하다는 걸 우리는 배웠다.

저널링은 시간을 별도로 정해두고 혼자 하는 과정이다. 무언가를 꾸준히 자발적으로 지속하는 일은 결코 쉽지 않다. 아무리 좋은 루틴이라도 그렇다. 그래서 '함께'의 힘이 큰 도움이 된다. 윤승 님은 다음 단계의 꿈을 위해 준비하고 있다. 레퍼런서® 살롱에서 나눈 이야기대로 학교가 될지 또 다른 커뮤니티가 될지 아직은 알 수 없다. 하지만 분명한 건 윤승 님의 한 걸음 한 걸음을 응원하며 기대하는 이들이 있다는 사실이다. 무얼 하든 창고살롱과 함께하고 싶다는 윤승 님의 환한 미소와 따뜻한 마음이 내게도 큰 용기와 희망이 된다.

15장

고정 관념에   도전장을 내밀다

일단 써보자는 마음의 힘

'연극 프리랜서이자 엄마로 일하고 있는 권주리'로 자기 소개를 하는 그녀는 실천력 만렙의 삶을 살아낸다. 그녀는 2015년부터 10년째 블로그를 운영하며 《사랑에 장애가 있나요?》(강한별, 2021)라는 에세이를 출간했다. 네 살 때 교통사고로 오른팔과 다리를 잃은 박항승 님을 소개팅으로 만나 사랑에 빠지게 된 과정, 이후 결혼에 이르기까지의 이야기가 진솔하게 쓰여 있다. 지금은 성인이 된 발달장애인 남동생과 함께한 삶의 경험도 담백하게 적어 내려간다. 묵직한 문장이지만 그녀의 필력 덕분에 술술 읽힌다. 나는 주리 님 글을 통해 아주 조금이나마 무지했던 영역에 가닿을 수 있었다. 주리 님은 책 제목을 설명하며 이렇게 적었다.

"'장애'는 이중적인 의미를 지닌다. 신체적인 장애*disorder* 와 어떤 일을 하는 데 있어 방해가 되는 것을 뜻하는 장애 *obstacle*. 장애인-비장애인 커플인 승리커플(박항승의 '승'과 권 주리의 '리'를 따서 이들은 스스로를 '승리'커플이라 칭함)의 삶을 통해 실험하고 글로 풀어내고자 이 문장을 내 인생의 문장 이자 책의 제목으로 삼았다."

"장애는 극복의 대상이 아니고, 익숙해지려 노력하지만 평생 불편할 수밖에 없는 문제"라고 덤덤하게 이야기하는 항승 님의 말마따나 이는 어떤 열심으로 변화하거나 바꿀 수 있는 무엇이 아니다. 나의 커리어 여정도 그런 것 아닐 까. 내 일과 삶을 이야기할 때 꼬리표처럼 붙어 다니는 '경 력 단절'도 미화하거나 폄하하지 말고 그냥 나의 한 부분으 로 덤덤하게 받아들이고 거기서부터 다시 새로운 챕터를 시작하면 된다고 말해주는 것 같았다.

자기만의 삶을 꾸려가며 기록하는 일은 물론 쉽지 않다.

누구나 마음만 먹으면 글쓰기를 시작할 수 있지만, 나는 글을 쓰며 수많은 날을 좌절했고 괴로워했다. 그래도 주리 님의 글을 본 후에는 일단 써보자는 마음만은 포기하지 않을 수 있었다. "희망이나 긍정 같은 쉬운 단어로 삶을 꾸며내고 싶지는 않다. 나는 오히려 도망에 가까운 삶을 산다"라는 주리님의 고백이, 무언가 항상 부족하고 못내 아쉽고 그래서 가끔은 낙심하는 나에게 깊은 위로가 되었다.

역할 전환을 실험하다

주리 님은 두 번째 책 《엄마 휴직을 선언합니다》(교양인, 2022)를 창고살롱 시즌 중에 출간했다. 출산 후 아이를 돌보며 커리어를 잠시 멈추었던 주리 님은 '엄마' 역할을 휴직한다고 선언하고 가족의 시스템을 완전히 뒤집는 실험을 했다. 남편이 육아휴직을 통해 처음으로 주 양육자가 되고 주리 님은 가족의 생계를 책임졌다. 그 6개월은 한 개인의 역할 전환이 아니라 평범하고 전통적인 가족 시스템을 리셋하는 과정이었다.

내가 전업주부가 되고 나서 남편에게 청한 일이 딱 하나 있다. 단 일주일만이라도 풀타임으로 아이들 돌보는 경험을 해보는 것. 커리어를 포기하고 육아를 맡은 내 선택에 늘 고맙고 빚졌다고 인정하지만 남편은 결코 혼자서 돌봄을 맡아본 적이 없다. 나는 그가 단 한 번이라도 직접 경험해보고 역지사지의 마음을 알게 되길 바랐다. 때때로 불쑥불쑥 끝도 없이 밀려오는 억울한 감정을 온전히 공유할 수 없다는 박탈감이 내게는 컸다. 아이들에 대한 사랑과 의무와는 별개의 감정이었다.

온라인 북토크 당일 밤 9시, 주리 님은 수신지 작가의 일러스트 표지 이미지를 재현한 복장과 풀메이크업으로 줌 화면에 등장했다. 화면 너머의 그 모습을 통해 진짜 프로의 부지런한 정성이 고스란히 전해졌다. 진심을 꾹꾹 담아 살롱을 준비한 모습이 아름답게 빛났다. '성별 고정관념이라는 통념에 돌을 던져 파장을 만드는 일', '주부와 주 양육자로 살아오며 느꼈던 억울함과 화의 원천이 어디에 있는지 샅샅이 살펴보고'자 책을 쓴 주리 님은 실험에서 어떤 결론을 얻었을까? '엄마 휴직' 실험에 대해 신랑을 비롯한 주변 사람들은 '굳이, 꼭 그렇게까지' 해야겠냐는 질문을 많이 했다고 한다. 그녀는 책에서 이렇게 썼다.

"우리가 선택한 이 항해가 길고 길지만, 서로 협조하고 신뢰하며 매일 조금씩 앞으로 나아가는 가족. 이게 내가 엄마 휴직을 하며 찾고 싶었던 답이었다."

실험은 결국 가족은 (육아) 협업 공동체라는 통찰로 이어졌다. 엄마만의 희생이 아닌 모두의 협력으로 유지되는 시스템이 결국 답이라는 결론에 나도 공감했다.《엄마 휴직을 선언합니다》는 우리 사회의 젠더 규범에 돌을 던진 생활 실험의 기록이다. 고정관념과 억울한 마음에 도전장을 내밀고 삶으로 직접 실험한 레퍼런서® 주리 님처럼, 당신 또한 삶의 다양한 실험을 시도하며 기록과 글쓰기로 명쾌한 통찰을 얻고 나누기를 기대한다.

16장

30년 지기 친구에게 배운

성실함의 지혜

일을 계속할 수 있는 원동력

고등학교 때 만난 친구 영아는 파리에서 한국어를 가르치는 인기 강사이다. 지금까지 프랑스인은 물론 미국인, 영국인, 스위스인, 벨기에인, 독일인, 폴란드인, 모로코인, 알제리인, 우크라이나인 등 약 200명이 넘는 학생을 가르쳤다.

남편 직장을 따라 파리에 정착한 지 9년이 넘은 영아는 첫째가 다섯 살 때 10년간 다닌 회사를 그만두었다. 친정과 시댁 근처에 살며 육아 도움을 받고 회사 생활을 병행할 수 있어 운이 좋은 경우였지만, 오랜 피로가 누적되어 삶의 의미를 찾고자 내린 결정이었다. 퇴사 후 가장 먼저 한 결심은 둘째를 갖는 가족계획이었다. 진짜 생산적인 일을 해보자 마음먹었다며 그녀는 친구들에게 농담처럼 이야기했다. 그녀는 퇴사 후의 일상에 만족했다. 다람쥐 쳇바퀴 도는, 늘 분주하고 피곤한 워킹맘 생활보다 아이들과 여유롭게 보내는 매일이 행복하다고 했다.

나는 친구를 통해 사람마다 일의 의미가 다르다는 걸 실감했다. 이 글을 쓰며 돌아보니 우린 전혀 다른 전공과 커리어를 가졌지만 퇴사 후 행보는 놀랍도록 비슷했다. 영아는 퇴사 후 숙명여대 테솔 과정을 마치고 구립도서관에서 오랫동안 영어 스토리텔링 수업을 맡으며 자원봉사를 했다. 지역 신문과 방송에도 종종 소개되던 그녀는 몇 년 후 각각 열한 살, 일곱 살이 된 남매를 데리고 캐나다로 조기유학을 떠났다. 캐나다 생활 2년 차가 되던 때 남편이 파리 주재원으로 발령이 나며 가족이 파리에서 다시 함께 살게 되었다.

영아는 서비스 강사, 자산금융 관리사, 테솔 강사, 요가 강사, 바리스타, 동화구연 지도사 등에 관한 각종 자격증이 있다. 처음 파리에 정착하면서는 K-팝에 푹 빠져 있는 유럽 10대 청소년 학생들에게 한글을 가르치고, 학부모들에게 요가를 가르쳤다. 아들 친구 엄마의 부탁으로 10대 청소년에게 한글 수업을 한 경험은 이후 한글 강사 경력이 되었다. 그녀는 현재 파리에서 가장 오래된 아시아어 학원에서 하루에 6~10시간 동안 한국어를 가르친다. 워낙 성실하고 밝은 성격에 패션 감각이 남다르고 K-팝에도 관심이 많은 그녀는 개인적으로 수업을 요청해 오는 학생들이 늘면서 과외 수업도 많이 한다. 한국어 네이티브 인기 강사다.

자신은 운이 좋은 드문 케이스라며 겸손해하지만 나는 짐작할 수 있다. 그녀가 얼마나 성실하게 열심히 수업 준비를 했을지, 학생들과 좋은 관계를 유지하기 위해 얼마나 진심으로 마음을 열고 대화를 나눌지 말이다. 최근 친구는 한국어 교원 자격증도 취득했다. 부지런히 공부하고 능력을 보완해가는 그녀를 응원하면서, 나 또한 그녀와 만날 때마다 좋은 자극을 받는다.

영역 밖으로 세계를 확장하다

대학 친구 지혜와의 인연도 내게는 특별하다. 프랑스에서 태어나 홍콩에서 국제학교를 다녔던 그녀는 전형적인 K-장녀이던 내게 자유롭고 개방적인 사고를 보여준 친구이다. 뭐든 조심하고 내 영역 밖의 생활에 별 관심을 두지 않았던 내게 그녀는 확장된 세계였다.

졸업 후 지혜는 생활용품 다국적기업 유니레버에 취직했다. 사회 초년생 시절 직장 생활에 적응하며 바빴던 우리는 자주 만나지 못했다. 내가 임신, 출산을 겪는 동안 지혜는 싱가포르와 두바이 법인으로 옮겨 내부 감사 일을 계속했다. 그리고 같은 사무실에서 일하던 영국인 동료와 결혼했다. 그녀는 삶의 터전을 영국으로 옮겼다. 결혼 후 세 살 터울의 두 아들을 출산하고 키우며 커리어에 공백이 생겼다.

직장 동료 사이였던 지혜 부부의 커리어는 결혼 이후 완전히 달라졌다. 지혜 남편은 커리어 트랙을 잘 유지하며 이직에 성공했다. 아이들이 조금 자라고 회사를 그만둔 지 4년째 되던 해 지혜는 파트타임 일자리를 찾았다. 운이 좋게도 그녀의 전 직장이자 여전히 남편이 다니던 회사에서 그녀를 채용했다. 회사를 떠나기 전 그녀가 하던 일에 비하면 업무 난이도도 책임감도 다소 가벼운 일로 다시 직장 생활을 시작했다. 많이 내려놓고 현재를 수용하며 감당해야 하는 시간이었다.

파트타임으로 일에 대한 감각을 되찾고 적응하는 동안 아이들도 자랐다. 둘째 아이도 교육기관에 다니면서 그녀는 그제야 풀타임으로 복귀할 수 있었다. 일을 그만둘 때의 경력을 다시 인정받기까지는 5년이 걸렸다. 4년간의 경력 공백을 회복하는 데 같은 직장의 비슷한 일로 5년이 걸린 셈이다. 아이러니한 일이다. 출산으로 인한 여성의 경력 공백 이슈는 세계 어디든 똑같았다.

지혜의 이야기를 들으며 퇴사 후 집 안으로 꽁꽁 숨어버린 과거의 내가 새삼 부끄러웠다. 나는 다시 사회로 돌아올 작은 시도조차 하지 못하고 심연으로 한없이 가라앉는 마음을 결코 밖으로 드러내지 않았다. 적어도 남들 앞에선. 그저 잠잠한 겉모습으로 이중생활을 하던 전업맘 시절로 돌아갈 수 있다면 조금 다르게 생활해보고 싶다고 생각했다. 영국에서 씩씩하고도 담담하게 자기 길을 만들어간 친구는 반짝반짝 빛이 났다. 그녀의 여정은 내게 큰 영감이 되었다.

주변을 보면 무언가를 꾸준히 배우고 바삐 움직이는 경력보유여성이 많다. 시간을 허투루 쓰는 법이 거의 없는 부지런하고 성실한 엄마가 대부분이다. 하지만 무언가를 혼자서 꾸준히 할 수 있는 경우는 그리 많지 않다. 다시 시작하는 일, 그리고 유지하는 일에는 분명 덜컹거리고 부대끼는 구간이 있다. 이 구간을 그저 묵묵히 담담하게 성실함으로 지나는 시간이 반드시 필요하다는 것을 지혜의 커리어 리부트 여정에서 배웠다.

모든 여성에게는
자기만의 시간이 필요하다

지혜는 60세가 넘으면 한국에 돌아와 살고 싶다고 했다. 가정도 직업도 모두 갖추고 영국에서 안정된 생활을 누리고 있지만 여전히 이방인의 삶이라고 조금 쓸쓸하게 말하던 그녀는 나에게 책을 한 권 선물했다. 우리나라에도 번역, 소개된 보니 가머스의 소설 《레슨 인 케미스트리*Lessons in Chemistry*》(다산책방, 2023) 원서였다. 이 책은 1950년대 미국을 배경으로 엘리자베스 조트라는 여성 과학자 이야기를 다룬다. 생계를 위해 〈6시 저녁 식사〉라는 TV 요리 프로그램 MC를 맡은 그녀는 요리야말로 "새 에너지를 창조하고 새 세대를 번성시키는 진지한 화학 실험"이라고 힘주어 말한다. 그녀는 요리를 과학으로 정의한다. 여성의 사회적 지위, 직업, 엄마됨, 경력 단절, 여성에 대한 편견, 소수자, 조직 문화, 혼전임신 등 다양한 주제를 생각하게 하는 이 책에서 특히 기억에 남는 것은 조트의 TV 요리 프로그램 마지막 멘트다.

"애들아, 상을 차려라. 너희 어머니는 이제 자기만의 시간을 가져야 한다*Children, set the table. Your mother needs a moment to herself*."

나는 비슷한 고민을 가진 사람들과 연결되며 나만의 시간을 확보하고 질문하는 계기가 된 '창고살롱' 덕분에 사회로 돌아올 수 있었다. 자신의 시공간을 가지기 위해 노력하면 일과 삶의 복잡다난한 고차원 방정식의 실마리가 될 거라 믿는다.

모든 여성에게는 자기만의 시간이 필요하다*Every woman needs a moment to herself*.

창고살롱
제2막을 가능하게 한 인연들

무용하게 지나가는 시간은 없다

직장인에서 창업가로 새로운 커리어를 시작한 후에도 변곡점이 많았다. 최대 위기는 창업한 지 8개월 만의 해외 이주와 뒤따른 동료들의 퇴사였다. 살롱지기 민지 님과 소영 님을 만나지 못했다면 창고살롱은 계속될 수 없었을지 모른다.

경력보유여성들의 사회 재진입을 돕기 위해 루트임팩트에서 운영한 '리부트 캠프' 프로그램에 참여한 민지 님을 운영자로 만났다. 그녀는 육아로 경력이 멈추기 전에 홍보 업무를 했고 9년 정도 경력 공백이 있었다. '조용한 카리스마', '숨은 고수' 같은 표현이 잘 어울리는 민지 님이 프로그램에 열심히 참여하며 자신에 대한 생각과 지난 시간을 꺼내놓는 걸 보면서 지난 내 모습이 떠올랐다. 반짝이는 열정과 성실함, 교육과정에서 배운 디지털 마케팅 역량으로 업그레이드된 스킬까지 갖추고도 다시 기회에 도전하는 데 선뜻 용기 내지 못하는 그녀를 돕고 싶었다.

무용하게 지나는 삶의 시간은 없다. 창고살롱 파일럿 프로그램에서 우리는 다시 만났다. 손들고 먼저 나서지는 않지만, 질문을 던지면 정돈된 생각과 유머 한 스푼을 더한 위트 있는 답변을 전하던 그녀는 시즌 2 멤버로 참여했다. 배려와 이해, 공감과 소통이 아쉬운 조직에서 일을 시작한 경력보유여성들은 울렁이는 마음을 다잡는 데 어려움을 겪는다. 민지 님도 그랬다. 창고살롱 뉴스레터를 받아 보고 뉴스레터 만드는 법을 가르쳐달라고 요청할 만큼 일에 열정을 보였지만, 그녀는 경력 단절 10년 만에 재취업한 회사에서 6개월 만에 퇴사했다.

나는 다시 일할 기회가 민지 님에게 있으면 좋겠다고 생각했다. 내게 손 내밀고 기회를 만들어준 현선 님과 진저티 프로젝트 같은 존재가 되고 싶었다. 적극적으로 일을 찾는 열정이나 간절함을 표현하는 경력보유여성을 만날 때 그 마음이 더욱 커진다. 일에 대한 아쉬움을 표현하는 민지 님에게 나는 창고살롱 객원지기로 참여해달라고 요청했다. 그녀가 단번에 러브콜에 응답한 건 아니다. 나도 여지를 충분히 두고 민지 님을 설득했다.

객원지기로서 처음 함께 손발을 맞춰 창고살롱 시즌을 마친 민지 님은 가장 기억에 남는 경험으로 뉴스레터 인트로 글쓰기를 꼽았다. 예전에 글쓰기를 참 좋아했는데 엄마로 사는 동안 일부러 글을 쓰지 않고 살았다고. 지금의 삶이 꿈꿔왔던 삶의 모습이 아니기 때문에 초라하게 느껴지니까, 그런 감정이 올라오면 힘드니까 신경 쓰지 않고 살려고 노력했다는 말에 나는 울컥했다. 새벽 감성을 좋아하고 글쓰기를 즐겼던 사람이란 사실을 다시 깨달았다는 민지 님의 고백이 깊게 남았다. 객원지기로 함께할 용기를 내주어 정말 고마웠다는 마음을 민지 님께 다시 한번 전한다.

소모임 살롱 개설을 권하다

경력 공백은 커리어를 이야기할 때 항상 움츠러들고, 자꾸 지우고 가리고 싶던 구간이다. 그런데 소영 님은 그 기간을 무언가를 다시 시작하기 위한 준비 과정으로 이해했다. 우리는 현직자 런치 토크 행사에서 처음 만났다. 당시 소영 님은 출산한 직후 참여했다. 소영 님을 다시 만난 건 창고살롱 시즌 2에서였다. 소영 님의 아이는 그동안 21개월이 되었다. 레퍼런서® 멤버로 가입한 그녀는 알고 보니 17년 사회생활 경력자였다. 커리어의 반은 기업에서, 나머지 반은 교육기관에서 보냈다. 소영 님은 조금 늦은 결혼으로 출산도 늦어졌다고 본인을 소개했다. 일하는 사람이자 엄마로서 균형감 있는 자리를 탐색하던 그녀는 비슷한 고민을 가진 이들과 연결되고 싶어 했다.

3040 여성의 일과 삶을 주제로 열린 소모임 살롱에서 소영 님은 이렇게 말했다. 경력이 '단절'되어 두렵고 불안하고 속상한 마음을 표현하는 멤버들을 보면서, 사실은 멈추고 가만있는 시간이 필요할 때도 있다는 생각이 들었다고.

이상하게도 그녀의 말이 신선하게 환기되었다. 늘 편안하고 안정감 있는 미소와 표정으로 다른 이들의 말을 들어주는 그녀의 말은 영향력이 컸다. 효율 우선, 결과 지상주의 세상 기준으로 일하다 보면 잊기 쉬운 인간다움, 관계와 연결의 중요성을 강조한 메시지였다. 비효율을 끌어안는 자세가 필요하다는 역설에 뭔가 머리를 한 대 얻어맞은 것 같았다.

창고살롱 시즌 2가 마무리될 즈음 소영 님이 살롱 아지트에 찾아왔다. '40대의 일 고민'이란 공통의 화두 덕분이었을까? 시즌 내내 진솔하고 깊이 대화한 경험 덕분인지 우리는 오랫동안 알아온 사이처럼 말이 잘 통했다.

소영 님이 다녀가고 3주 뒤, 내 남편이 갑자기 회사에서 해외 주재 발령을 받았다. 전혀 예상하지 못한 큰 변화였다. 나는 창업한 지 겨우 8개월 차였다. 큰마음 먹고 시작한 오프라인 공간인 창고살롱 아지트는 6개월 만에 정리해야 했다.

다음 시즌에도 다시 참여한 소영 님은 여전히 고객이었지만, 늘 많은 정보와 관계보다 조금 느슨한 마음의 여유를 이야기하며 템포를 환기해주었다. 열정적이고 매력적인 멤버들에게 좋은 에너지를 얻으며, 다양한 삶의 이야기를 듣고 나누는 시간이 도움이 됐다고 했다. 생각을 전환하고 사고를 확장하는 시간을 계속 함께 보내고 싶다는 그녀의 마음이 내게도 전해졌다. 멤버로만 참여하는 것 이상으로 어쩌면 소영 님은 다양한 레퍼런서® 멤버들에게 품을 내어주고 들을 귀를 열어주는 역할을 할 수 있지 않을까 생각하게 됐다.

두 시즌 동안 다정한 참여자로 함께한 소영 님에게 나는 세 번째 시즌에서 소모임 살롱을 개설해보시라고 권했다. 그녀의 고유 경력과 경험을 바탕으로 '엄마'지만 여전히 '나'이기도 한 육아맘에게 필요한 워크숍을 열어달라고 쿡쿡 찌르기에 돌입했다. 레퍼런서® 멤버를 발견하고 넛지를 주어 시도하도록 독려하고 판을 만들어 세우는 일련의 과정은 살롱지기로서 가장 신나는 일이다. 또 내가 잘하는 일 중 하나이기도 하다. 아주 작은 아이디어와 제안에 반응해주고, 열심히 소모임 살롱을 준비하는 멤버들의 정성이 참으로 귀중했다. 새로운 시도와 도전에 용기 내는 이들 덕분에 소모임 살롱은 에너지와 열정 넘치는 특별한 경험의 장이 된다.

멤버 대부분은 임신, 출산, 육아 단계를 지났거나 앞두고 있는 엄마이자 일하는 여성들이다. 우리 사회에서 '엄마'라는 단어는 여성에게 양육에 대한 무한책임, 숙명적 역할을 강요하는 경향이 크다. 나는 여성들이 그 단어에 압도되지 말고 '자신'에 대한 고민을 해볼 수 있기를 바랐다. 자신이 뭘 좋아하는지, 어떤 가치를 중요하게 생각하는지, 어떤 일에 의미를 두는지 등을 많은 사람에게 질문하고 싶었다. 주어진 많은 역할과 여러 정체성도 스스로를 온전히 이해하고 충분히 긍정할 때 건강하게 꾸려갈 수 있지 않을까? 나는 소영 님이라면 '엄마가 된 나'의 이야기를 창고살롱 웨이로 꺼내볼 수 있겠다고 생각했다. '엄마의 자리, 아이의 자리'라는 주제로 열린 소모임 살롱은 그렇게 시작되었다.

엄마가 되어 잠시 커리어 숨 고르기를 하며 지속 가능한 일과 여성에 관한 주제를 고민하는 시간이 없었다면, 내 삶의 여정에서 소영 님을 만나지 못했을지도 모른다. 현재의 자리와 경계, 그리고 여백을 중시하는 소영 님이 출산을 계기로 가정생활과 함께 이어갈 수 있는 다른 형태의 일을 고민하지 않았더라면, 창고살롱에 그녀가 참여할 일은 없었을 거다. 그렇기에 살롱지기 팀업에 소영 님이 꼭 필요하다고 생각했다.

소영 님은 다양한 시선과 관점 속에서 서로에게 위로와 응원을 건네는 창고살롱에서 '관계의 단단함'을 '발견'하게 되었노라고 했다. 《삶이 던지는 질문은 언제나 같다*21 Letters on Life and Its Challenges*》(인플루엔셜, 2022)의 저자 찰스 핸디가 "나는 너희가 '나'보다는 '우리'라는 말을 더 많이 하는 삶을 살아가길 바란다"라고 한 것처럼, 살롱지기로서의 바람도 나눴다. 개인의 역량과 가치가 중요한 시대를 살고 있지만, 작게나마 '우리'라는 키워드가 서로에게 힘과 용기를 줄 수 있는 곳, 창고살롱은 바로 그런 공간이니까.

소영 님은 멤버들의 이야기를 잘 듣고 담기 위해 스스로를 비워내고 여백을 만들어두어야 한다고 늘 말한다. 우리가 타인의 이야기를 진짜로 잘 듣기 위해서는 자기의 시간을 잠시 멈춰야 한다. 결국 누군가의 이야기를 듣고, 있는 그대로의 모습을 응원하고, 누군가에게 너그러워지려면 자신이 자신을 잘 알고 여유가 있어야 한다. 조급하게 달리고 완벽을 기하려는 몹쓸 최선은 결코 우리 삶의 해답이 아님을 그녀와 창고살롱을 함께하는 과정에서 더 크게 공감하고 배워간다. 우리의 일과 삶이 좀 더 풍성하고 여유롭게, 건강하고 올바른 길로 가도록 "서로 파이팅하자"라는 소영 님의 응원이 언제나 큰 힘이 된다.

18장

선배에서
언니가 된

유능한
여성들

동경의 대상에서 회사 밖 동료로

함께 일했던 기억이 좋아서, 혹은 공감하는 지점이 많아서 조직을 떠난 이후에도 연결되는 인연이 있다. 지금 돌아봐도 내 삶에 레퍼런스가 된 유능한 동료, 선배가 참 많았다. 황선우 작가가 "멋있으면 다 언니"라고 말한 것처럼 회사에서 만난, 그곳에선 한 번도 언니라 불러본 적 없는 그들을 나는 지금 언니라고 부른다.

선배를 처음 만난 건 내가 삼성전자에 입사한 뒤 사원 4년 차 때였다. 그녀는 과장 승진을 앞두고 있었다. 글로벌

마케팅실 브랜드전략팀에서 만난 선배는 유능하고 인정받는 핵심 인재였다. 비슷한 일을 하는 같은 조직의 선배 여성을 내 커리어에서 처음 만났다. 이전에 재무팀과 삼성미술관 리움 부속실을 거쳤기에 마케팅 조직이 낯설었던 나는 신입사원처럼 새롭게 일을 배우기 시작했다. 이른바 '남초' 조직인 재무팀에는 여성 인력이 많지 않았다. 부속실에선 여성 관장님과 부관장님을 보좌하는 업무를 맡았지만, 함께 일한 여성 동료는 없었다. 나는 글로벌마케팅실에서 처음 만난 그 멋진 여성 선배의 유능함과 네트워크를 배우고 싶었다.

'여성의 일과 삶'을 주제로 우리가 본격적으로 이야기 나누기 시작한 건 우연히도 비슷한 시기에 둘 다 주재원 와이프가 되면서부터였다. 그 선배는 대기업 임원직을 내려놓고 퇴사한 후 호주 시드니로 가족과 떠났다. 이듬해 가을에 나도 베트남 하노이로 갑자기 출국하게 되었다. 모두 계획에 없던 여정이었다. 삶의 다양한 변화는 대부분 예고 없이 어느 날 갑자기 찾아온다.

그녀의 커리어에 대한 부러움과 동경이 있던 터여서 나

는 망설임 없이 과감하게 대기업 임원직을 그만둔 그녀의 다음 여정에 관심이 많았다. 같은 조직에서 일할 때의 감각 같은 것은 오래 남는다. 어젠다를 함께 고민하고 인사이트를 나누던 일, 회의를 준비하고 미팅에 참여하는 태도, 이메일로 소통하고 보고 자료를 작성하는 등 일에 관한 모습을 떠올려보면 그녀는 내게 일을 참 잘하는 사람, 책임감이 강하고 성실한 사람이었다. 함께 일한 지 얼마 되지 않아 선배는 MBA 공부를 위해 유학을 갔다.

비슷한 시기에 나는 회사 스폰서십 MBA 대상자로 추천을 받았다. 두 달 뒤의 결혼식을 앞두고 있던 시점이었다. 나는 공부와 결혼 모두 동시에 추진할 수는 없다고 생각했다. 지금 보면 '왜 안 된다고 생각했을까?' 의아해진다. 결혼과 커리어는 인생 설계에서 경중을 가리기 어려운 중요한 주제다. 결혼 후 혼자 유학을 다녀올 수 있다는 생각, 혹은 각자의 학업과 커리어를 위해 결혼을 약간 미룰 수도 있다는 융통성이 그때는 왜 없었을까? 누가 강요하지 않더라도 주변에서 익숙하게 접한 가치관 같은 것들이 인생의 어떤 선택에 중요한 영향을 미친다는 걸 시간이 지나며 깨달았다. 인생은 나이와 상황에 따라 올라가야 하는 정해진 등반 코스도, 매뉴얼대로 완성해야 하는 탑 쌓기도 아니다. 당시엔 어떤 다른 시도나 선택을 할 수 있는 용기도 자신도 담대함도 없었다. 지난 선택을 되돌릴 수는 없지만, 그때의 나와 지금의 나는 분명 다른 선택을 내릴 수 있는 사람이 되었다는 것은 분명하다.

결혼하고 이듬해에 나는 첫째 아이를 출산했다. 선배는 MBA를 졸업한 후 이전 직장으로 돌아오지 않았고, 전략 컨설턴트로서 새로운 커리어를 시작했다. 나는 전업주부로 5년을 지내고 경력보유여성으로 새로운 일을 시작한 해 연말에 그녀를 몇 년 만에 다시 만났다. 선배는 업무 강도가 높은 전략 컨설팅 회사에서 일하며 임신과 출산을 겪었다고 했다. 이후에도 몇 년마다 대기업으로 이직한 그녀의 화려한 커리어 비결이 궁금했다. 한 조직에서만 10년을 머물다 커리어를 포기한 나는 다양한 조직을 경험한 그녀가 부러웠다. 나중에 들은 이직 사유는 본인이나 아이의 건강 문제, 그리고 아이가 초등학교에 입학한 이후 여러 변수에 대한 고민 때문이었다. 기혼 여성이라면 누구나 마주하는 주제였다. 주니어 때는 본인의 역량과 열심, 열정과 성실함으로 일을 잘하고 인정받던 여성들이 중간관리자가 되면서 다음 커리어에 대한 고민이 많아지는 이유를, 그동안 일하며 만난 수많은 그녀들을 떠올려보았다.

호주 주재원 와이프로 3개월 차에 접어들었을 때 선배는 옛 직장 동료가 창업하여 빠르게 성장하던 스타트업에 합류해 호주에서 원격 근무를 시작했다. 나도 하노이에서 창고살롱 시즌 3를 이어갔다. 가끔 연락이 닿을 때마다 서로의 안부와 아이들의 해외 생활 적응 소식을 전했다. 이전에 커리어를 쌓은 대기업과 지금 각자 일하는 스타트업 조직의 차이를 이야기할 때 신기하리만치 비슷한 통찰을 나누곤 했다. 스타트업에서 새롭게 일하고 있다는 공통점만으로도 회사 생활에 대해 공감 가는 주제가 많았다. 그렇게 우리는 따로 설명하지 않아도 서로의 경험과 마음을 읽어낼 수 있는 소중한 회사 밖 동료 사이가 되었다.

나를 살린 그녀의 한마디

육아를 위해 갑작스런 퇴사를 결정했을 때, 기혼 유자녀 여성 선배 중 유일하게 나를 지지하고 격려해준 이가 있다. 그녀는 삼성전자에서 1호 대졸 여성 해외 주재원, 해외 지점장으로 임원까지 승진하고 법인장, 국내 총괄 임원으로 일하다 퇴사했다. 이후 임원 코칭, 학교 밖 청소년들을 위한 일본어와 중국어 강의 자원봉사 등을 하며 끊임없이 움직였고, 몇 해 전에는 남편과 함께 사업을 시작했다. 컴퓨터 엔지니어인 남편이 프로젝트를 주도하고 선배는 경영 전반을 챙기는 대표를 맡고 있다. 영업, 재무, 인사 등 개발을 제외한 모든 업무를 총괄한다고 했다. 기초 코딩 업무를 지원하기 위해 최근에는 파이썬*python* 프로그램까지 배울 정도로 새로운 일에 도전하는 선배가 정말 멋져 보였다. 이처럼 환상적인 은퇴 후 창업이 또 있을까?

"모든 걸 다 가질 수는 없어요. 자녀를 잘 돌보는 것도 커리어를 이어나가는 것 못지않게 중요하고 값진 일이에요."

퇴사할 때 절망적인 심정으로 우울해하던 내게 따뜻한

말로 응원과 위로를 보내준 선배의 토닥거림은 또 다른 용기가 되었다.

영화 〈두 인생을 살아봐〉는 주인공 나탈리의 일과 삶의 변곡점에서 선택에 따라 달라지는 두 가지 다른 인생을 보여준다. 졸업 파티에서 그저 친구였던 남자와 뜻하지 않게 하룻밤을 보낸 후 임신한 주인공은 어떤 선택을 하든 커리어에도, 사랑에도, 삶에도 나름의 기쁨·슬픔·고민·좌절이 뒤따름을 경험한다.

인생의 어떤 선택도 언제나 더 나은 선택이 있는 것은 아니다. 충분히 고심해서 결정했으니 최선이라 믿으며 책임지며 나아가면 된다. 다음 여정을 잘 이어가다 보면 결국 지향하는 삶의 목적에 수렴되는 다양한 가능성을 만나는 게 아닐까. 나의 선택은 어떤 것이든 최고의 선택이라고 믿고 지지해주는 인연들이 소중하고 귀한 이유다.

19장

하노이에서 만난 레퍼런서®

크로스핏이 만들어준 인연

남편이 베트남 하노이 주재원으로 부임하며 나는 남편의 손에 이끌려 그곳에서 처음으로 크로스핏에 도전했다. 새벽 5시 반에 참여한 첫 타임 와드*Workout Of the Day, WOD*는 새벽 공기와 함께한 사람들의 에너지 때문인지 무척 생경했다.

근력운동과 유산소운동이 고루 섞여 있는 크로스핏은 매일 다른 와드로 진행돼 지루할 틈이 없다. 같은 와드를 정해진 시간에 하지만 각자 운동 능력에 따라 무게나 동작,

횟수 등을 조정할 수 있도록 설계되어 누구나 처음부터 함께할 수 있다. 시간 내에 먼저 운동을 끝냈더라도 다른 이들을 응원하며 기다린다.

왕초보로 시작한 나는 매번 가장 쉬운 난도와 가장 가벼운 무게로 운동했지만 가장 늦게, 겨우 마치는 때가 많았다. 그럴 때마다 할 수 있다고 응원해주고 "한 번만 더*one more!*"를 외치는 이들에게 시스터후드를 느끼지 않을 수 없었다. 특히 유일한 여성 코치 케이티의 친절하고 세심한 코칭 덕분에 처음 접하는 크로스핏을 포기하지 않고 이어갈 수 있었다. 새로운 기구나 동작을 접할 때면 어쩔 줄 모르고 금방 포기하고 싶어질 때도 많았다. 그럴 때면 케이티가 슬그머니 옆으로 다가와 친절하게 한 단계씩 설명해주었다.

크로스핏 새벽반에서 만난 동료 예이사에게는 어느 날 운동을 마치고 사춘기 아들 이야기를 털어놓게 되었다. 아이가 국제학교에 잘 적응하지 못하는 문제 때문에 속상한 일이 있었기 때문이다. 예이사는 사춘기 아들의 심리와 행동에 대하여, 학부모로서 학교와 선생님에게 도움을 구하고 또 요구할 수 있는 실질적이고 자세한 조언을 건넸다.

내게 꼭 필요했던 지식과 정보, 효과적인 팁을 교육자로서 가르쳐주었다. 운동 버디*buddy*로 만난 사이였지만 알고 보니 고등학교 3학년인 막내아들을 키우는 엄마이자 국제학교 교감 선생님이기도 했다. 그날 아침의 그녀는 하나님이 내게 보내주신 천사 같았다.

사실 예이사는 내가 크로스핏을 시작하며 가장 닮고 싶어 한 이상적인 인물이기도 했다. 나와 비슷한 40대에 크로스핏을 시작한 그녀의 운동 능력이 부러웠다. 무엇보다 꾸준한 부지런함과 성실함, 그리고 끝까지 포기하지 않는 모습이 늘 인상적이었다. 크로스핏은 요가나 필라테스만 하던 나 같은 사람이 40대 중반에 시작할 운동은 아닌 것 같았다. 그래서 몇 번이나 크로스핏과 거리를 두려고 했다. 그럴 때마다 예이사는 자신이 시작할 때에 비하면 지금의 나는 아주 훌륭하게 잘하고 있다며, 꾸준히만 하면 얼마든지 더 잘하게 될 거라고 격려를 아끼지 않았다.

아이들 영어 튜터로 만난 게리는 외교관 아내를 서포트하며 주 양육자로 아들을 돌보고 집안일을 챙기는 전업주부였다. 한동안 아이가 생기지 않아 부부가 오랜 시간 부모

됨과 양육, 그리고 가정생활에 대해 상의하는 과정에서 본
인이 주 양육자가 되기를 자청했다고 한다. 주변에서 전업
주부 아빠에 대해 낯설어하고 불편해하는 시선을 받은 적
도 있지만, 이미 예상하고 결정한 일이기에 크게 흔들리지
않았노라고 담담하게 이야기했다. 고등학교 졸업반 아들
을 돌보며 50대 중반이 된 게리는 국제학교 초등 교사를 목
표로 커리어 전환을 준비하고 있었다.

크로스핏을 하며 만난 1990년대생 친구들도 나의 세계
를 확장해준 영감 가득한 레퍼런서®다. 일본인 아키코는
결혼하자마자 남편 따라 하노이에 온 4년 차 주부였다. 훤
칠한 키에 탄탄하고 날씬한 근육질 몸의 소유자로 영어 소
통이 원활한 그녀는 취미로 일본인 성인 농구팀에서 활동했
다. 그녀는 농구를 좋아하는 나의 첫째 아이를 자기 팀에 초
대했다. 코로나19로 학교 농구 시즌이 취소되어 아쉬워했던
아이는 아키코 덕분에, 말은 통하지 않지만 늘 친절한 미소
로 맞아주는 어른들과 함께 농구를 즐겼다. 아이는 베트남
성인 취미 농구 시합, 국가별 클럽 리그에서 일본팀 선수로
한국팀과 경기를 치르는 잊지 못할 경험도 할 수 있었다.

음식과 책, 그리고
새로운 비즈니스

　재택근무가 일상이었던 나의 점심을 책임져준 TG food 김수연 대표(이하 쑤 사장)도 하노이 레퍼런서® 중에서 빼놓을 수 없다. 그녀는 남편 따라 하노이에 주재원 와이프로 왔다가 17년째 살고 있다. 지금은 아홉 명의 직원을 두고 건강한 음식을 연구하고 만드는 TG food를 운영한다. 우리는 고객과 레스토랑 주인으로 처음 만난 자리에서 4시간이나 대화를 이어갔다. 나는 쑤 사장이 '고아와 과부를 위한 일'을 실천하는 것에, 그녀는 나의 '여성의 지속 가능한 일과 삶을 위한 커뮤니티' 키워드에 매료되었다. 함께할 수 있는 작업이 있다면 뭐든 하고 싶다는 쑤 사장의 요청에 처음엔 고민이 많았다. 무엇이든 쑤 사장에게 도움이 되는 프로젝트를 기획해보고 싶었다.

　내가 자신 있고 관심 있는 영역이 뭘까 생각하다 '하노이 W북클럽'을 열기로 했다. 스토리 살롱을 오프라인 버전으로 실험해보고자 한 것이다. TG food에서 장소 제공과 브런치 세팅을 맡았고, 멤버 모집은 음식 주문을 받던 TG food 고객 단톡방에서 이루어졌다. 북클럽 인원은 금세 모였다. 쑤 사장의 이야기를 들으며 생각한 은유 저자의 《있지만 없는 아이들》(창비, 2021)로 첫 번째 북클럽을 시작했다. 두 번째 책은 한국어 어학당 선생님의 이야기를 담은 서수진 의 소설 《코리안 티처》(한겨레출판, 2020)였다. 북클럽 멤버 중 한국어 교사 과정을 공부하는 분들이 있어서 더 풍성하 고 공감되는 이야기를 나누었다. 마지막 책은 인구학자인 서울대학교 보건대학원 조영태 교수가 베트남에서 연구하 고 현지 전문가들과 함께 쓴 《2020-2040 베트남의 정해진 미래》(북스톤, 2019)였다. 베트남에서 오래 지낸 분들도 새롭 게 알게 된 사실이 많다며 이 책을 매우 흥미롭게 읽었다.

세 번의 북클럽을 마무리하니 생각지 못한 연결이 또 이 어졌다. 북클럽에 참여한 몇 분이 창고살롱에 참여한 것이 다. 스페셜 살롱에서는 쑤 사장의 일과 삶의 서사를 전했 다. 쑤 사장도 레퍼런서® 멤버들과 대화를 나눈 그날을 잊 을 수 없다고 했다. 나는 살롱 최초로 현장에서 세팅과 IT 보조를 맡았다. 준비에 필요한 여러 과정을 알았더라면 엄두를 내기 어려운 기획이었을 수도 있지만, 그녀의 하노이 라이프 17년을 압축해서 듣는 시간은 특별했다.

쑤 사장과 수제 그래놀라 쿠킹 클래스를 연 것도 새로운 시도였다. 나는 '고마워서그래'의 그래놀라를 맛보이고 싶은 마음, 맛있고 건강한 제품과 주인장인 레퍼런서® 두란 님을 하노이에 알리고 싶은 마음으로 한국에서 그래놀라를 주문해 항공 택배로 받았다. 쑤 사장은 내가 선물한 그래놀라 맛을 보더니 이것저것 재료를 첨가하고 세팅하면서 건강한 맛에 감각까지 더한 새로운 메뉴를 개발했다. 좋은 견과류와 저렴한 인건비가 갖춰진 베트남에서 고마워서그래의 제품을 제조한다면 사업을 더 확장할 수 있을 것 같아서 두란 님을 하노이에 초청했다. 얼마 뒤 하노이에서 쿠킹 클래스와 미니 레퍼런서® 살롱이 열렸다.

이처럼 해보고 싶은 마음, 시도해볼 수 있는 기회와 판을 만났을 때 고민 없이 그냥 한번 하는 결심이 중요하다. 그 결심이 곧 첫걸음이 된다는 단순한 진리를 나도 다시 깨달았다.

'하노이 W북클럽'과 '수제 그래놀라 쿠킹 클래스' 모두 쑤 사장을 알게 된 지 6개월 만에 진행한 콜라보 프로젝트이다. 사람 간의 깊은 관계는 알고 지낸 시간과 꼭 비례하지는 않는다. 서로 열린 마음으로 솔직한 대화를 나누다 보니 공명하는 삶의 가치, 결이 비슷한 지향점을 발견하고 공감하며 신뢰할 수 있었다. 이해와 신뢰로 관계가 만들어지니 이후의 '일'은 쉽게 진행되었다. 그분이 하고 싶어 하는 일, 하자고 하는 많은 일 중에 내 상황과 능력이 허락되는 일, 당장 큰 기대 수익을 얻을 수 없더라도 기쁜 마음으로 함께할 수 있는 일을 프로젝트로 벌여본 것뿐이다. 그 후 쑤 사장의 요청으로 홈메이드 바자회 셀러들을 대상으로 '1인 브랜드를 위한 브랜딩 전략' 특강도 진행했다. 이런 판을 벌일 때마다 생각하지 못한 귀한 인연이 생겼다.

브랜딩 강의에 참여한 레퍼런서® 다운 님도 주재원 와이프였는데, 코로나19 시기에 하노이에 왔다. 그녀는 건강을 위해 요가원에 다니다가 지도자 과정을 공부하고 우연한 기회에 클래스를 맡았다. 요가 강사가 된 이후에는 작은 요가원을 열고 수업을 진행하고 있었다. 브랜딩 강의 시간마다 치열한 고민과 에너지 투자가 필요한 과제를 성실히

해온 다운 님은 고요하지만 내공이 깊은 실천가다.

달리운동장 짐을 운영하는 레퍼런서® 수지 님도 하노이에 방문한 적이 있다. 나이키 트레이너이자 SNPE 강사가 하노이에 오는데 운동살롱을 기획하지 않을 수 없었다. 이때 다운 님이 생각났다. '오프라인 소모임 살롱을 열어볼 수 있지 않을까?' 그때 귀국을 앞두고 있던 시기여서 괜히 일을 벌이는 것 아닌가 하는 긴장감이 없었다면 거짓말이다. 하지만 다운 님에게도 활동을 확장할 수 있는 좋은 기회가 될 것 같았다. 이미 경험과 노하우가 많은 수지 님과 이제 경험을 쌓아가는 다운 님의 '하노이 콜라보 운동살롱'이 창고살롱다운 기획이라는 생각도 했다. 다운 님도 마침 발리에서 요가 수련을 하기로 계획 중이어서 운동살롱을 열 수 있겠다는 기대감은 더욱 커졌다.

그렇다고 모든 과정이 수월하고 순탄했던 건 아니다. 하노이-서울-발리에 있던 우리는 단톡방에서 소통하며 크고 작은 의사 결정을 합의하고 준비했다. 다른 분들이 운동 수업 준비에 집중할 수 있도록 내가 기획과 준비를 맡았다. 장소를 대여하고 운동살롱 기획을 마무리해서 모집을 시작했다. 홍보를 위해 TG food 단톡방은 물론 지역 주민방, 아이들 학부모 단톡방까지 용기 내어 모집 소식을 알렸다.

운동살롱을 열기 하루 전날, 다운 님과 수지 님은 크로스핏 드롭인*drop-in*(1회성 수업)을 했다. 함께 운동을 마치고 보니 운동살롱 모집 인원이 마감되어 있었다. 새벽 7시에 마인드풀 러닝으로 시작한 운동살롱은 오전 2시간의 SNPE와 요가 강좌로 이어졌다. 이틀간 함께 운동하며 몸의 통증과 바로잡아야 할 자세, 필요한 근력 등을 알게 된 참가자들은 운동이 끝나도 쉽게 자리를 떠나지 못했다. 레퍼런서® 수지 님과 다운 님에게 몸이 불편한 부분과 운동 방법에 대한 질문이 쏟아졌고, 이틀은 너무 짧아 아쉽다는 피드백을 받는 등 성공적으로 살롱이 마무리되었다.

이처럼 변화는 생각지 못한 새로운 가능성과 기회를 열어 주는 문이 되기도 한다. 하노이에서 다양한 레퍼런서®를 발견하고 또 그들과 연결되며 더 많은 시도와 확장을 시도한 경험은 지속 가능한 창고살롱 운영에 든든한 연료가 되었다.

20장

커뮤니티 비즈니스의 한계를 넘어서

"돈으로 친구를 샀다"

어떤 일에 관심이 생기면 구글링을 무한 반복하고 서치 결과 마지막 페이지까지 샅샅이 살피며, 주제에 관한 책을 여러 권 찾아보고 나서야 무언가를 부릉부릉 시동 걸 준비가 되었다고 느낀다. 그런데 나는 커뮤니티 서비스를 시작하며 정보 탐색에 시간을 많이 할애하지 않았다. 애초부터 이 일로 투자를 받거나 좋은 사업 전망을 낙관하기는 어려울 거라는 현실 감각을 탑재했을지도 모른다. 방구석 무자본 창업으로 그저 가볍고 소탈하게 시작했다.

온라인으로 커뮤니티를 시작한 이유는 8할이 코로나19 덕분이다. 생소한 신규 브랜드 창고살롱은 인스타그램 계정 하나로 유료 멤버십을 모집했다. 시즌 가입비가 저렴하지도 않았다. 그런데 기대했던 최소 인원을 충족해 창고살롱 첫 시즌을 오픈할 수 있었다. 100퍼센트 재택근무로 시작한 출발선에서 우리는 축배를 들었다. 무명인데다 후기도 전혀 없는 브랜드에 거금을 투자해 첫 레퍼런서® 멤버가 되어준 멤버들이 그저 고객으로만 느껴지지 않았다. '여성과 일'을 주제로 선정한 콘텐츠와 구조화된 대화 살롱에 참여해 진솔한 대화를 나누면 나눌수록 진한 관계가 만들어졌다. 첫 시즌, 첫 유료 결제자로 창고살롱에 함께한 레퍼런서® 은진 님은 '내돈내산' 창고살롱 후기 경험을 "돈으로 친구를 샀다"라는 제목으로 브런치에 썼다.

커뮤니티에 가입하는 사람들은 보통 외향적이고 적극적일 거라고 흔히 짐작한다. 그런데 창고살롱 레퍼런서® 멤버 중엔 내향인도 많았다. 코로나19 시기에 사람을 만날 수 있는 기회가 줄어들면서 사회적 욕구가 표출된 면도 있겠고, 밤 시간에 집에서 온라인으로 참여할 수 있기에 접근성이 높아진 이유도 있었으리라. 내향인 멤버를 대하는 게 처음엔 좀 어려웠다. 어떤 반응이나 제안이 그들을 불편하게 할까 봐 조심스러웠다. 사뭇 신비주의 같기도 한 그들이 궁금하고 더 알고 싶었지만 자제하며 기다렸다.

사회생활에 적극적이고 사교적인 외향성은 조직 생활에 잘 맞는, 이상적인 성격으로 여겨지는 경향이 있다. 많은 이들이 함께하는 자리에서 소신을 이야기하는 것, 어떤 질문에도 편안하게 답하는 모습이 유능한 능력자의 태도라는 학습된 고정관념도 있다. 나도 그랬지만, 은진 님이 쓴 글을 보고는 반성했다. 이전의 나였다면, 안전하다고 느껴지지 않는 환경에서 아예 입을 닫거나 떠나버리는 속 깊은 사색가를 절대 알아볼 수 없었을 거다. 바쁜 현대사회에서는 누군가를 오래 기다려주거나 애정 어린 시선으로 관찰하는 경우가 드물다. 존재감 없는 조용한 이들을 그냥 지나치기 쉽다.

은진 님의 '창고살롱 모먼트'는 글쓰기 살롱을 통해서 왔다. 자신을 꿰뚫어보고 있던 누군가의 위로와 진심 어린 조언에 마음의 빗장이 스르르 열렸고, 편견 없고 따뜻한 관심에 서서히 사람이 좋아졌다고 한다.

창고살롱에서 자주 들은 이야기가 있다. 다양한 살롱에서 주제에 관해 대화하다 보면 한 번도 입 밖에 내어본 적 없는 내밀한 생각들, 타인에게 이야기하지 못했던 솔직한 마음을 저절로 털어놓게 된다는 고백이었다. 살롱에 참여한 전후의 기분을 물으니 에너지가 드라마틱하게 상승했다고 언급한 분도 있었다. 피곤하고 컨디션이 좋지 않은 저녁, 에너지가 바닥난 날이라도 일단 살롱 대화에 참여하면 그 여운과 감동에 바로 잠들지 못하겠다는 후기가 멤버십 슬랙 채널에 올라오곤 했다. 이러한 '비포 앤드 애프터' 변화를 우리는 '창고살롱 효과'라 부른다. 서로의 마음을 나누고 경청하며 지지하고 응원하는 관계가 만들어지는 과정과 결과가 감사하다. 내향인이든 외향인이든 문제가 되지 않는다. 대화를 통해 공감한 관계는 없어지지 않는다.

은진 님은 이렇게 좋은 창고살롱이 노년살롱까지 이어져야 한다고 말한다. 나도 레퍼런서®를 발견하고 연결하는 일을 평생 현역으로 계속하고 싶다. 어쩌다 창업한 창고살롱 커뮤니티가 이제 6년 차를 맞는다. 여전히 새로운 한

걸음을 내딛을 때마다 다음 걸음에 대해 많이 고민한다. 도태되지 않고 현상 유지라도 하려면 쉬지 말고 계속 뛰어야 한다는 영화 〈거울나라의 앨리스〉의 '붉은 여왕'의 말마따나, 온오프 시즌이 교차되는 현재 시스템은 경영 관점에서는 사실 말이 되지 않는다. 이전에 참고했던 여성 커뮤니티들은 모두 훨씬 공격적이고 적극적으로 서비스를 운영했다. 커뮤니티는 사업으로서 지속되기 어렵다는 뜻일까? 이업의 본질은 스케일 확장은 아닌 것 같다. 멤버십 재가입률이 50퍼센트를 훌쩍 웃돌지만 신규 멤버 유치와 규모 확장이 쉽지는 않다.

더 넓은 관계로 확장하기

얼마 전 감사하게도 B2B/G 프로젝트를 진행할 기회가 생겼다. 그동안 '여성과 일' 주제 프로젝트를 다양한 파트너와 진행하며 살롱에서 발견하고 연결된 레퍼런서® 멤버 한 분 한 분이 우리에게는 큰 자산이다. 창고살롱 기획과 운영은 곧 레퍼런서® 멤버와의 또 다른 연결과 기회 확장이란 의미가 있다. 마치 연예 기획사에서 연습생을 훈련하고 데뷔시키는 것 같은 기분이라면 의미가 전달될까? 창고살롱 레퍼런서® 멤버들과의 연결은 손익계산서에 표시되지 않고, 배타적 권리 같은 법적 강제성도 없다. 당장 수익 창출*monetize*로 이어지는 건 더더욱 아니다. 하지만 외부 파트너와 기획하는 프로그램이 이들에게 새로운 기회를 제시할 수 있다는 점은 기쁜 일이다. 창고살롱에서 발견한 레퍼런서®를 살롱 연사나 소모임 살롱 리더로 세우고 그 경험과 대화를 후기 콘텐츠로 알리면, 그 기록이 또 다른 기회로 연결되기도 한다. 살롱 기획자로서 섭외에 품이 들지 않으니 진행 과정이 이보다 효율적일 수 없다. 창고살롱이 요청한다면 믿고 해보겠다고 흔쾌히 수락하고, 감사 인사를 전해 오는 경우도 많다. 고객으로 만난 사이가 파트너 관계로 진화한다. 이 또한 창고살롱다운 지속 가능한 성장과 확장이 아닐까.

살롱 밖에서 유지되는 스몰 그룹도 있다. 글쓰기와 책 읽기, 작당모의에 능한 레퍼런서®들이 모여 '손글씨 클럽

(손모가지 걸고 글 쓰는 클럽)'을 만들었다. 글쓰기에 재능과 열망이 있지만 혼자서는 지속하기 어려워 시작된 모임이다. 데드라인을 정하고 피드백을 주고받을 친구가 있으니 글쓰기를 아니할 수 없는 환경을 완벽하게 세팅한 셈이다. 손모가지를 걸고 쓰기로 했다니 비장함마저 느껴진다. 자칭 소상공인 자영업자 모임으로 뭐든 함께해보기로 한 그룹도 있다. '고마워서그래', '사실은대단한사진관', '달리운 동장'을 각각 운영하는, 지역도 업종도 다른 세 레퍼런서®는 언제부턴가 창고살롱이 아닌 다른 모임이나 밋업에서 마주치기 시작했다고 한다. 자연스레 서로를 초대하기도 하고 챙기기도 하면서 비슷한 고민과 공통점을 찾으며 새로운 관계를 맺고 있다.

업력이 더해갈수록 1인 브랜드로서 어떻게 생존할 수 있을지 고민이 깊어진다. 규모의 경제를 달성하려면 제로 투 원*zero to one*과는 다른 문법인 원 투 텐*one to ten*을 고민해야 하는 시점이 온다. 이때 브랜드 정체성을 유지하고 즐기면서 자기다운 성장을 모색하는 실행력 만렙인 이들은 내게 큰 영감이 된다.

샌프란시스코에 사는 레퍼런서® 실비아 미정 님이 테
이크루트*Take Roots*를 설립했다는 소식을 들은 건 내가 하노
이에 머물던 2022년 봄이었다. 시즌 2부터 연속 네 시즌을
창고살롱과 함께한 미정 님은 태평양 건너 17시간 시차를
극복하고 언제나 이른 새벽 시간에 살롱에 참여했다. 한 번
은 미정 님 시간으로 아직 동트기 전인 새벽에 소모임 살롱
에서 피아노 라이브 연주를 들려주기도 했다.

미정 님은 열정과 열심 그리고 성실함이 단연 돋보였다.
배움에 적극적이고 새로운 시도에 주저함이 없는 그녀는
코로나19 시기에 인생 변곡점을 만났다. 유학생이었던 남
편을 따라 미국에 간 미정 님은 비거주 외국인*non resident alien*
이라 적힌 F2 배우자 비자를 보며 자괴감이 들었다고 한다.
본인도 대학원 과정을 마치고 강사 일을 얻어 첫 강의를 기
다리고 있었는데 코로나19로 모든 강의가 폐강되면서 일
도 사라졌을 때 절망감에 괴롭고 힘들었다고 한다. 아이는
등교하는 대신 집에서 온라인 수업을 듣고 남편도 출근 대
신 재택근무를 시작했는데, 본인만 다시 에일리언 신분이
된 데 심한 우울감을 느꼈다고 했다. 그때 만난 게 창고살

롱이었다. 코로나19로 일생일대의 기회를 박탈당했지만 살롱에 참여하면서 스스로 온라인에서 기회를 찾아보리라 마음먹을 수 있었다고 한다.

샌프란시스코 베이 지역에서 차세대를 양육하는 이주 여성을 돕는 NGO인 테이크루트를 미정 님이 설립했다는 소식에 나는 진심으로 기뻤다. 멤버들이 살롱 밖 각자의 영역에서 새로운 시도를 하거나 프로그램을 운영하면 창고살롱도 소식을 널리 알린다. 좋은 일은 자꾸 알리고 나눠야 그 좋은 기획들이 계속 이어질 수 있다는 마음에서 나온 오지랖이다. 미정 님은 감사 인사와 함께 '테이크루트 시작의 8할이 창고살롱 경험 덕분'이라고 했다. 여기서 배운 것들을 그대로 적용해서 시작할 수 있었다고. 나는 생각지 못한 찬사와 감사에 가슴이 쿵쾅거리고 코끝이 찡했다. 이런 게 진짜 커뮤니티, 창고살롱다운 확장이 아닐까!

사업 확장에는 뻔한 성장 단계들이 있다. 스타트업은 생존 자체가 의미이고 기적이어서 피벗*pivot*을 여러 번 거치며 안정적 수익과 규모 확장을 목표로 달린다. 온라인 커뮤니티 서비스로 시작한 창고살롱의 다음 성장은 어떤 형태가 될지 아직 잘 모르겠다. 전투적 청사진을 사업 전략으로 구상해놓아야 마땅하다고 생각하는 이도 있을 것이다. 하지만 커뮤니티란 그런 것이 아니라고 말하고 싶다. 이 작은 대화의 장이 어떤 연결·시도·확장의 씨앗이 될지 나는 여전히 기대된다. 그리고 그것이 다가올 창고살롱 커뮤니티의 미래라고 믿는다.

21장

6개월 간의

헤드헌터 실험기

일을 연결하는 '일'의 가능성

서울 성동구 경력 인정 프로그램인 '위커리어*WeCareer*' 상반기 과정을 마무리하고 잠시 휴지기에 들어갈 즈음, 우연히 한 서치펌 대표로부터 헤드헌터 일을 제안 받았다. 경영학을 전공하고 재무, 마케팅 일을 두루 거쳤지만 HR 분야는 문외한이라 서치펌에서 일하는 게 어떨지 조심스러웠다. 대기업 회사원일 때 헤드헌터로부터 가끔 이직을 제안받은 적이 있다. 하지만 진지하게 검토하고 이직한 경험은 없었다. 그 당시엔 조직에서 내가 맡은 일이 세상의 중심인

양, 꿈에서도 샤워할 때조차도 머릿속에는 온통 회사 일 생각뿐이었다. 뭐가 그리 마음이 분주했던 것일까. 내 커리어에 좋은 기회를 연결하고자 하는 러브콜을 매번 대수롭지 않게 거절했다.

경력보유여성, 워킹맘, 그리고 커리어의 다음 단계*2nd Stage*를 준비하는 4050을 만나며 지속 가능한 일과 삶의 화두는 양질의 일자리 문제라고 생각했다. 경력 단절 문제의 핵심 과제는 포용적인 조직 문화와 유연한 일자리 마련이었다. 인건비 지원 사업이나 공공 기관 인턴십 프로그램이 정책으로 마련되어 있지만 안정적인 일자리로 자리매김하기에는 기업 문화와 채용 목적, 그리고 직무의 적합성 등에서 아쉬운 영역이 여전히 많다. 그동안 내가 경험하며 느낀 문제들이 '경력보유여성의 일자리 찾기'라는 미션의 강력한 동기가 됐다. 능력과 경험을 모두 갖추고 준비된 숨은 인재풀, 경력보유여성에게 제대로 된 일자리를 찾아 연결해주고 싶다는 동기가 그 제안을 감사한 기회로 보게 했다.

나는 두 가지 가설을 가지고 헤드헌터 일을 시작했다.

첫째, 경력보유여성에게 부족한 것은 '일의 기회'이다.

그 기회를 직접 발굴하고 연결해보자 싶었다. 구체적으로 가능성 있는 영역과 시장의 니즈를 찾아 작은 실험으로 시작해 볼 수 있는 기회가 분명 있으리라는 희망 같은 것이 있었다. 막상 서치펌에 들어가보니 일자리 자체가 부족하다고 말하기는 어려웠다. 내게 헤드헌터 리서처 역할을 제안한 조직은 16년 차에 70여 명의 헤드헌터가 소속된 규모였다. 다양한 산업과 직무의 구인 공고가 하루에도 몇 건씩 사내 시스템에 등록, 공유되었다. 여전히 많은 기업이 다양한 분야에서 인재를 채용하길 원했고, 여러 헤드헌터가 분주하게 움직이고 있었다.

서치펌을 통해 찾는 후보자의 조건과 범위는 매우 구체적이고 명확했다. 스펙과 숫자로 정의된 특정 범위의 후보자 서칭을 의뢰받고 조건에 맞는 후보자를 발견하면 사전 인터뷰 등의 검증 작업을 통해 기업에 추천한다. 헤드헌터는 서류, 면접 등의 채용 과정을 진행하고 피드백을 주고받으며 중간자로서 기업과 후보자 사이 소통 창구가 된다. 입사가 확정되면 연봉 협상을 조율하고, 오퍼 레터*Offer Letter*에 후보자가 사인을 하면 과정이 일단락된다. 헤드헌터가 추천한 후보자의 입사가 결정되면 그 연봉의 일정 비율을 수수료 수익으로 보상받는다. 의뢰자인 기업이 고객이고 후보자 데이터베이스가 자산인 셈이다.

간혹 오퍼 레터에 사인한 이후 마음이 바뀌어 이직을 번복하는 후보자도 있었다. 이럴 땐 지난 모든 시간이 없던 일이 되어 씁쓸했지만, 곰곰이 돌아보면 마음에 조금 걸리던 부분을 모르는 척 지나친 구간이 떠올라 후회되기도 했다. 하지만 번복될 가능성을 미리 눈치 챘던들 마음을 바꾸는 후보자들에게 손쓸 방도가 마땅치는 않았을 것이다.

이직 사유는 이직자 각자의 사정만큼이나 다양하지만, 몇 번의 소통을 이어가며 자연스럽게 파악되는 태도 같은 것들이 있었다. 문자 메시지, 전화, 이메일, 메신저를 통해 전해지는 말투와 일정, 시간 관리, 그리고 약속을 지키는 모습 등에서 이력서 너머의 사람을 보게 된다. 하지만 서류 너머 경험한 그 사람에 대한 정성적인 평가는 대부분 채용 과정에서 잘 전달되지 않고 조용히 묻힌다. 특히 헤드헌터 입장에서 마음에 걸리는 단점인 경우 더욱 그렇다. 헤드헌터의 양심을 탓하거나 인정에 읍소할 일이 아니다. 산업의 구조적 시스템이 그러하다는 뜻이다. 일부 헤드헌터는 후보자의 스펙이 아무리 좋더라도 사전 소통 과정에서 파악한 인성이나 태도, 혹은 이직 사유가 마음에 걸리면 기업에 후보자를 추천하는 과정에서 솔직하게 이를 공유하고 선택을 기다린다. 이런 양심선언은 클라이언트와의 신뢰 관계를 좀 더 장기적으로 형성하는 주요 계기가 되기도 한다.

첫 번째 가설에 대한 실험은 아주 빠르게 실패로 결론이 났다. 기업의 '사회적 역할'과 '더 나은 사회'라는 선한 의도로 후보자의 가능성에 기대하고 좀 더 애정을 가지고 들여다보는 시선을 서치펌에서 기대할 수는 없는 노릇이었다. 그곳은 그런 판은 아니었다. 발견과 기회보다 기업이 해당 포지션에 요구하는 숫자와 경력이 이력서에서 한눈에 확인되는 후보자만이 다음 단계로 넘어갈 수 있는 구조였다.

실패 속에서 새로운 전략을 찾다

두 번째 가설은 경력보유여성에게 유리한 기회가 열려

있는 특정 직무나 산업이 있을 것이라는 점이었다. 자원이 충분하지 않아 풀타임 고용은 어렵지만, 유능하고 진정성 있는 경력보유여성을 파트타임 유연 근무 조건으로 채용하여 기업과 조직원 모두 만족스러운 성과와 커리어 연결을 이어가는 경우를 소셜 섹터에서 관찰했다. 이 사례를 일반적인 영리기업 영역으로 확장해 적용해보고 싶었다.

이 과정에서 한 가지 시장 기회*Sweet Spot*를 발견했다. 바로 산후휴가 대체 계약직 포지션이었다. 최근 결혼과 출산 연령이 높아져서, 출산휴가를 떠나는 직원은 보통 기업의 허리인 10~15년 차 중간 관리자에 해당한다. 과거엔 주로 4~5년 차 주니어가 출산휴가를 떠나던 것에 비해 그 공백의 무게가 다를 수밖에 없다. 기업 입장에서 그 공백을 대체할 인력을 찾기가 쉽지 않다. 유능한 인재는 1년~1년 반 기간의 계약직으로 이직하려고 하지 않기 때문이다. 나는 이 현상을 경력보유여성의 커리어 리부트 기회로 보았다. 금융, 광고업 등 몇몇 산업에서 이런 포지션이 생기면 적극적으로 주변에 수소문했다. 그런데 여기에 미스매치가 있었다. 관련 분야에서 일한 경력도 있고 유능한 경력보유여성을 여럿 알았지만 일에 대한 열망과 당장 일에 복귀할 수 있는 현실 사이의 간극이 생각보다 컸다. 이미 익숙하게 자리 잡은 가정 내 역할과 관계를 다시 워킹맘 모드로 바꾸는 건 하루아침에 결정하기 어려운 문제다.

경력보유여성의 재취업을 직접적으로 돕는 프로그램 등에서도 결국 취업이나 창업으로 연결하지 못하는 경우가 많다. 현재 챙기고 돌보는 자녀와 가정일의 어느 부분까지 다른 가족에게 이양, 분배하거나 외부의 도움을 받을지를 경력보유여성이 결정하는 과정에서 포기하고 이탈하곤 한다. 좀 더 촘촘한 단계적 접근과 별도 설계, 시스템 변화가 필요하다.

6개월간의 서치펌 헤드헌터 실험은 그렇게 두 가지 가설 모두 실패로 인정하고 깨끗하게 정리했다. 이 일을 하면서 수수료 수익을 한 번도 보상받지 못했으니 세상의 기준으로는 실패한 경험이지만, 돈으로 살 수 없는 이해와 경험을 얻었으니 더 없이 값지고 의미 있는 실험이었다. 여러 기업이 어떻게 경력직을 채용하는지 가까이서 살펴본 덕분에 '경력보유여성의 일자리' 문제 해결을 위해 내가 다음에 해야 할 일이 무엇인지 구상할 수 있었다.

하버드대학교 경영대학 교수였던 클레이튼 M. 크리스텐슨이 삶의 마지막 즈음, 자신이 평생 연구한 경영 이론을 토대로 인생에 대해 쓴 책《하버드 인생학 특강*How Will You Measure Your Life?*》(알에이치코리아, 2020)에는 '의도적 전략'과 '창발적 전략'이라는 개념이 소개된다. 의도된 전략과 달리, 창발적 전략은 예상치 못한 기회와 마주한 문제 해결을 위해 수많은 결정으로부터 나온 수정 전략을 의미한다. 그 과정에서 무엇이 사실로 판명되어야 수정된 전략이 효과를 나타내는지 찾는 도구가 '발견지향기획*Discovery-Driven Planning*'이다. 경력보유여성의 일자리 창출이 의도된 전략이었다면 내가 발견한 산후 휴가 대체 계약직 포지션은 창발적 전략을 적용해볼 기회였다. 역량과 일에 대한 절실함, 그리고 가치 지향적인 진심을 기업이 알기만 한다면 채용 기회가 있을 거라 생각했다. 하지만 이 수정된 전략이 효과를 나타내려면 경력보유여성의 사회 복귀에 대한 단계적 접근과 사회 및 조직의 시스템 변화에 새로운 기획이 필요함을 배웠다.

6개월간의 헤드헌터 일은 다양한 기회를 실험하며 여러 방향을 탐색하고 전략을 수정하는 노력을 계속하는 발견 지향기획 과정이었다. "기업에서건 우리 인생에서건 전략은 시간, 에너지, 돈을 쓰는 방법과 관련해서 매일 내리는 수백 개의 결정을 통해 창조된다"라고 크리스텐슨은 말한다. 다음 전략을 실행하기 위해서는 나의 한정된 자원, 시간과 에너지를 더 구체적인 일자리 연결 교육과 준비 과정에 집중할 때라는 결론이 헤드헌터 일을 멈추는 결정을 명료하게 도왔다.

4부

지속 가능한 일과 삶을 디자인하다

변화와 시도를 이끌어내는 마인드셋

22장

몸부터

움직
여라

건강한 루틴의 첫걸음, 운동

새해 가장 흔히 하는 결심 중 하나는 운동이 아닐까? '운동하기'라는 목표는 애증의 과제다. 체력을 키우고 에너지를 만들기 위해, 지금의 건강을 지키고 유지하기 위해서라도 운동이 필요하다. 나이가 들수록 그 중요성은 커진다. 몸을 움직이면 기분을 전환하고 긍정적 마인드를 형성하는 데 도움이 된다. 운동은 정신 건강과 두뇌 활동 촉진에도 놀라운 효과를 발휘한다. 건강관리의 비결은 꾸준한 운동과 건강한 식단, 숙면이 전부다. 전교 1등이나 수능 만점

자에게 공부 비결이 무엇인지 물어보면 교과서를 예습, 복습했다는 뻔한 대답이 나온다. 마찬가지로 운동, 식단, 수면 관리가 건강한 삶의 기본일진대 실천은 왜 자주 실패로 돌아갈까?

이 책을 출간하기로 계약한 시기는 갑자기 하노이로 이주하기 직전이었다. 처음엔 글 쓸 시간을 좀 더 벌었다고 생각했지만, 베트남에서의 시간도 빠르게 흘러갔다. 글은 엉덩이 힘으로 쓰는 거라고 하지만, 나는 글이 써지지 않을 때 엉덩이를 들고 운동하러 갔다. 크로스핏에서 와드로 하루를 시작했다. 기후가 무더운 지역에서 코로나19로 인해 오랫동안 격리 생활을 해서 불규칙해진 일상의 패턴을 거스를 루틴이 필요했다. 건강한 루틴을 위한 운동이 절실했다.

새벽반에서 오전반으로 시간대를 옮겨 꾸준히 운동을 하다 보니 자주 만나는 익숙한 얼굴들이 생겼다. 직장인 위주로 구성된 새벽반과 달리 오전반에는 나처럼 재택근무를 하거나 남편을 따라 해외에 온 주재원 와이프가 많았다. 몇몇 사람과 친분이 생기면서 운동 시간에 맞춰 함께 가기로 약속을 정했다. 갑자기 급하게 처리할 일이 생기거나 귀

찮더라도 운동을 취소하지 못할 아주 중요한 장치가 되었다. 섭씨 40도에 가까운 하노이의 무더운 날씨에 에어컨도 없는 박스에서 운동해야 했지만, 바닥에 땀을 뚝뚝 흘려가며 그날의 와드를 함께 마치면 그렇게 뿌듯하고 기분 좋을 수가 없었다. 오늘도 포기하지 않고 운동한 나를 칭찬하며 몸을 움직이는 일을 해냈다는 성취감은 남은 하루 동안 좋은 에너지원이 되었다.

거창한 목표는 필요없다

제임스 클리어는 《아주 작은 습관의 힘*Atomic Habits*》(비즈니스북스, 2019)에서 작고 단순한 습관을 실천하면 인생 최고의 변화를 만들 수 있다고 이야기한다. 이 책에서 말하는 법칙 중 "쉬워야 달라진다"라는 내용이 있다. 쉽게 습관으로 만들 수 있는 2분 규칙과 함께 소개하는데, 어떤 거창한 인생 목표라도 대개 2분짜리 행동으로 전환할 수 있다며 다음 예시를 든다.

건강하게 오래 살고 싶다.

→ 건강한 몸을 유지해야 한다.

→ 운동을 해야 한다.

→ 운동복으로 갈아입어야 한다.

건강하게 오래 살기 위한 가장 작은 행동은 매일 운동복으로 갈아입는 습관을 만드는 것이다. 크로스핏을 시작하며 나도 거창한 운동 목표를 세운 건 아니다. 꼭 성공하고 싶은 동작이 있다거나 어떤 무게를 들고 싶다는 도전 의식이 별로 없었다. 그저 남편과 함께할 종목이 있으면 좋겠다는 막연한 생각, 이왕이면 그가 경험하고 좋아서 권하는 운동에 참여해도 괜찮겠다는 호기심이 있었을 뿐이다. 처음엔 너무 힘들고 어려워 피하고 싶었다. 자주 도망가고 싶은 마음이 들었지만, 함께 운동하는 이들을 알아가면서 그 관계가 동력이 되었다.

나의 가장 작은 행동은 '와드 시간에 맞춰 박스에 가는 것'이었다. 횟수도 처음엔 주 1, 2회이던 것이 점차 3, 4, 5회로 늘어갔다. 운동 능력이나 체력이 당장 눈에 띄게 향상하진 않았지만 개의치 않았다. 애초부터 목표는 'Just be there', 그저 박스에 가서 매일의 와드를 해내는 것이었기 때문이다. 그걸로 충분히 만족스러웠다. '함께'하는 힘으로 즐겁게 운동을 계속하다 보니 처음엔 마일런(1.6킬로미터 달리기) 와드에 기겁하던 내가 이제는 생애 최초로 7킬로미터 마라톤 대회에 참여해 완주한 사람이 되었다.

체력이 있어야
버티고 지속할 수 있다

마흔이 넘어서까지 저질 체력 에디터로 살다가 철인 3종 경기 마니아가 된 《마녀체력》(남해의봄날, 2018)의 저자 이영미는 운동의 효과를 직접 체험했다. 그녀는 몸이 바뀌면 행동이 달라지고, 달라진 행동이 생각에 영향을 미쳐 인생의 나침반까지 돌려놓는다고 말했다.

나도 크로스핏을 시작하고 체력이 꽤 좋아졌다. 2년 연속 크로스핏 오픈에 참여해 글로벌 랭킹도 남겨보았다. 크로스핏 오픈은 글로벌 크로스피터들의 축제이자 가장 권위 있는 대회다. 크로스핏을 막 시작한 왕초보부터 프로 선수까지 전 세계에서 모두 같은 와드로 운동하고 기록을 정확히 측정해 순위를 매긴다.

내 기록을 살펴보니 첫해에는 하위 10퍼센트, 두 번째 해에는 하위 15퍼센트 수준이었다. 모수母數가 다르겠지만 글로벌 랭킹 기준 5퍼센트 성장했다. 대회 참여 자체가 내겐 무게와 운동 강도를 늘려가는 극한 챌린지의 연속이었다. 첫해, 크로스핏 오픈 마지막 와드 중 스내치snatch 동작은 시작 무게가 20킬로그램이었다. 그때까지 한 번도 도전해본 적 없던 무게여서 시작도 전에 포기하고 싶어졌다. 대회 시작 직전까지 워밍업으로 몇 번 연습해보았지만 단 한 개도 성공하지 못했다. 그런데 실전에서 기적 같은 일이 벌어졌다. 20킬로그램 스내치를 무려 일곱 개나 성공한 것이다. 주변의 열띤 응원과 실전이라는 환경이 만든 긴장감 덕분일까? 그 짜릿한 뿌듯함은 정말 찰나였다.

그날 밤부터 주말까지 양쪽 어깨 승모근 통증이 너무 심해서 밤잠을 설칠 정도로 괴로웠다. 그런 근육통은 태어나서 처음 느꼈다. 대회 참여를 통해 스내치 동작 PR*personal record*을 기존 15킬로그램, 3R에서 20킬로그램, 7R로 단번에 경신했다. 대회에 참여할 용기를 낸 덕분에 가능한 성과였다. 한번 잠들면 다음 날 아침까지 꿈도 안 꾸고 좀처럼 깨지도 않는 내가 자다가 몇 번이나 깰 정도로 근육통이 심할 줄 알았다면 그 무게에 도전할 수 있었을까?

크로스핏을 시작하고 삶의 다른 부분도 변화했다. 와드를 끝내고 돌아오면, 모니터의 빈 문서창에서 오랫동안 깜빡이기만 하던 커서를 움직이며 뭐라도 써볼 수 있었다. 글은 엉덩이 힘으로 쓰는 거라고 했는데, 먼저 몸을 쓰고 난 뒤에서야 비로소 글이 써졌다. 캐스퍼 터 카일은 《리추얼의 힘*The Power of Ritual*》(마인드빌딩, 2021)에서 "종교적인 역할을 수행하는 것처럼 보이는 세속적인 공동체 중 하나"로 크로스핏을 소개한다. 크로스핏 박스(지점)를 새로 개장하려면 트레이너들은 박스를 개장하는 이유에 대한 에세이를 써야 한다. 크로스핏 본사는 에세이를 통해 지원자의 비즈니스 지식, 트레이닝 기술, 피트니스 수준이 아닌 크로스핏을 통해 지원자의 삶이 변화했는지, 또 크로스핏을 이용해 다른

사람들의 삶을 변화시키고 싶은지 여부를 핵심 요소로 가
늠한다고 한다.

장강명 작가는 《소설가라는 이상한 직업》(유유히, 2023)
에서 글쓰기에 대해 결국 몸으로 하는 일이므로 잘 관리해
야 글을 오래, 많이 쓸 수 있다고 이야기한다. 그의 말처럼
정신의 집중력과 지구력, 자신감 등 꽤 많은 부분이 육체
에 달린 문제임에 공감한다. 황정은 작가는 《일기日記》(창비,
2021)에서 직업병이기도 한 허리디스크 때문에 근육운동을
하게 된 이야기를 풀어놓았다. 복직근·복횡근·기립근·둔
근 같은 근육에 기대 원고 앞에서 버티고, 50킬로그램이 넘
는 고중량 중심으로 운동하며 광배근 만드는 재미를 느꼈
다는 작가의 글에서 눈이 번쩍 뜨였다. 평소 좋아하던 작가
들도 결국 몸을 잘 관리해서 글 쓰는 일을 지속한다는 점이
충분한 동기부여가 되었다.

무엇을 새롭게 시작하는 일과 꾸준히 계속하는 데는 에
너지가 든다. 그래서 이유가 필요하다. 나의 경우 끈질기게
등 떠밀고 손 내민 남편이 계기였다. 그리고 무엇보다 접근
가능성이 높아야 한다. 베트남에선 운전기사가 있어 이동

걱정이 없었던 게 시작에 대한 부담을 낮춰주었다. 걷기나 자전거로 15분 이내 거리에 있는 운동 장소를 정하는 것이 좋다. 스케줄도 고정해 루틴으로 정착할 수 있게 정해두면 베스트다. 환경 세팅이 8할 이상이다. 나의 마지노선은 남편이 운동하는 저녁 8시나 9시 타임 와드를 함께하는 것으로 정했다. 운동을 끝내고 숨을 헐떡거리며 대자로 뻗어 있을 때 정말 기분이 끝내준다.

23장

마음의 회복 탄력성 키우기

모든 일에 감사할 것

《감사의 재발견*The Gratitude Project*》(현대지성, 2022)에서 말한 것처럼 감사는 타인에 대한 겸허한 의존이다. 감사란 우리가 좋은 것을 성취하는 과정에서 타인(또는 더 높은 존재)으로부터 온갖 좋은 선물을 받았음을 수긍하는 행위이기도 하다. 레퍼런서® 멤버들이 주도하는 소모임만으로 70회 이상 살롱이 진행된 계절학기를 마무리하며 내가 멤버들에게 전한 마음이기도 하다. 감사의 효능과 유익에 대한 다양한 심리학·의학적 연구 결과는 이미 널리 알려져 있다.

감사를 뜻하는 영어 단어 'gratitude'의 어원은 라틴어 'gratus(즐거운)'로 은혜를 뜻하는 영어 단어 'grace'와 어원이 같다. 그래서 감사는 비용 없이 공짜로 받은 은혜에 즐겁고 기쁜 마음을 표현한다는 뜻이 있다. 또 다른 감사의 뜻을 가진 영어 단어 'thank'는 생각하다는 뜻의 'think'와 어원이 같다. 상대방이 나에게 베풀어준 호의를 잘 기억해두겠다는 의미이기도 하다. 감사는 평범한 일상을 곰곰이 생각할 때 깨닫게 되는 인지적 과정에서 나타난다. 감사*thank*는 생각*think*의 결과이고, 사색을 필요로 한다.

감사일기 소모임 살롱의 리더 민지 님에 따르면 감사의 반대말은 불행이 아니라 당연히 여기는 마음이다. 생각해보면 이 세상에 당연한 것은 없다. 주변 모든 환경과 일상에서 나의 자격이나 열심이나 노력과 상관없이 그냥 거저 주어진 것이 정말 많다.

30년 동안 감사일기를 써오며 인생의 성공 비결 1순위로 감사를 꼽는 '감사 전도사' 오프라 윈프리, 감사가 주는 긍정적 요인을 설명하며 감사 요법을 소개한 전 존스홉킨스대학교 교수이자 소아정신과 의사 지나영을 통해 감사에 더욱 관심을 갖게 됐다. 감사하는 능력은 연습을 하면 할수록 더 자란다고 한다. 당연했던 일상에서 감사를 발견하고 캐내면 계속 감사가 생기고 커지는 선순환이 만들어지면서 더 많은 감사를 더 잘할 수 있는 사람이 된다. 결국 우리 삶의 긍정 요소가 늘어난다. 감사는 기분, 감정, 건강, 생각, 행동 등 모든 것에 긍정적인 변화를 가져온다.

함께여서 든든한 사람들

내 경우도 그러했다. 퇴사 후에는 커리어가 끝났다고 생각했고, 사회로 돌아갈 수 있을 거라고는 단 1퍼센트도 기대하지 못했다. 그렇지만 커리어를 리부팅할 기회가 아주 우연한 연결과 제안으로 기적처럼 내게 왔다. 누군가의 환대와 호의에 감사하는 마음이 계기와 동력이 되어 무언가를 시도하고 시작해보게 만든 경험을 생각해보자.

나는 창고살롱을 운영하면서 '감사'의 마법을 여러 번 경험했다. 막연히 생각만 하던 인생 주제인 '여성과 일'이 비즈니스 주제가 될 수 있어서 감사했다. 마침 비슷한 시기에 뜻을 같이하는 준비된 동료들을 만난 덕분에 가속도를 붙여 실행할 수 있음에 감사했다. 코로나19 덕분에 계획과 달리 온라인에서 방구석 창업으로 시작한 게 오히려 글로벌로 확장하는 기회가 되어 감사했다. 창업 1년 후 나의 상황도, 그리고 동료들 삶의 우선순위도 변해 다시 원점으로 돌아간 현실이 잠시 막막할 때가 있었다. 사업을 지속할지 여부를 고민할 때 또다시 기적처럼 함께해나갈 이들과 연결되었고, 창고살롱 제2막의 새로운 실험이 이어질 수 있어 감사했다. 인생은 늘 알 수 없고, 매번 변화무쌍하고 다이내믹한 많은 문제를 만나지만 어떤 문제든 솔직하게 터놓고 함께 고민할 수 있는 든든한 동료들, 주주와도 같은 레퍼런서® 고객과 함께여서 감사하다.

레퍼런서® 멤버들에게서 "창고살롱을 만들어주어 정말 감사해요, 혜영 님!" 등과 같은 인사를 종종 받는다. 그 느낌을 오래 기억하고 때때로 꺼내보고 싶어서 구글 문서 *google docs*에 '창고살롱 비타민' 문서를 만들어두고 감사 메시지를 받을 때 기록해둔다. 지치거나 낙심하는 일이 생길 때, 기분이 가라앉고 마음이 어려울 때 꺼내 보면 힘이 난다. 에너지 부스터 링거라도 맞은 것처럼 금방 미소가 번지고 기분이 좋아진다. 감사를 전하는 누군가가 존재한다는 사실에 다시 감사한 마음이 차오른다. 내 자신에게 쏠려 있던 온갖 자책, 실망 같은 부정적 시선이 금세 엷어진다. 과거에 대한 후회와 미래에 대한 걱정 대신 온전히 현재에 집중하며 지금 이 순간에 감사하는 마음이 더 커진다.

절망의 순간에도
감사할 수 있는 이유

감사는 어떤 상황에서든지 기쁨과 행복을 누릴 능력을 만들어준다. 일과 삶의 기쁨과 슬픔, 실망과 짜증을 만날 때 우리가 내릴 수 있는 유일한 선택은 우리의 반응이다. 제니스 캐플런의 《감사하면 달라지는 것들*The Gratitude Diaries*》(위너스북, 2016)에는 피터 튜니라는 화가가 등장한다. 그는 죽음과 파괴의 이미지 위에 콜라주로 "GRATTITUDE"

나 "The Time Is Always Now" 같은 말을 광고판처럼 얹는다. 피터는 13세 때 자전거를 타다가 자동차에 치여 온몸의 뼈가 망가지는 큰 사고를 겪었다. 그의 부모님은 차가 머리를 치지 않았으니 하나님께 감사해야 한다고 했다. 피터는 그 사고를 통해 긍정적인 시각을 갖게 되었다. 그가 표시하는 '감사*gratitude*'에는 T가 하나 더 붙어 있다. 감사에 태도를 뜻하는 'attitude'를 함께 나타낸 것이다.

감사란 곧 태도다. 어떤 현실은 내 생각대로 되지 않는다. 다만 그 상황을 바라보는 태도는 내가 선택할 수 있다. 고단하고 평범한 일상도 감사해하면 행복한 일상이 된다. 감사는 긍정적 시선으로 세상을 바라보게 우리를 변화시키는 마법 같은 힘을 지녔다.

경력 공백 후 다시 일을 시작한 나의 지난 여정에 관해 이야기할 기회가 생기곤 한다. 한 강연에서 참여자 한 분이 이런 질문을 했다.

"혜영 님은 회복탄력성이 무척 좋은 것 같아요. 절망적인 상황에 자꾸 좌절하는 마음이 들 때 이를 잘 극복할 수 있는 비결 같은 게 있을까요?"

지금까지 나는 내가 회복탄력성이 특별히 좋은 사람이라고 생각해본 적이 없다. 그런데 질문을 받고 한 가지 깨닫게 된 사실이 있다. 마음에 들지 않는 현실이 괴로울 때, 절망감이 몰려올 때면 '이만하면 감사하다', '그럼에도 불구하고 현재의 많은 상황과 형편에 감사하다'라는 말을 주문처럼 읊조린 순간들이 떠올랐다. 흙탕물을 다시 맑게 만드는 방법 중 하나는 불순물을 제거하기보다 깨끗한 물을 콸콸 많이 붓는 것이라는 에피소드를 들어본 적 있을 것이다. 감사는 그 깨끗한 물 같은 것 아닐까? 우리 생각과 마음을 정화해주고 고난과 시련에서 다시 나아갈 수 있는 긍정의 힘, 즉 회복탄력성을 높이는 시크릿 레시피 말이다.《회복탄력성》(위즈덤하우스, 2019)을 쓴 연세대학교 김주환 교수도 회복탄력성 향상을 위한 두 가지 좋은 습관 중 하나로 감사하기를 제시한다. 진실된 감사의 파워풀함은 여러 심리학 실험과 뇌과학 연구로도 효과가 검증되었다.

감사로 시선을 전환한다고 해서 들쑥날쑥 요동치는 감정 앞에서 버티고 다그치라는 뜻은 아니다. 하버드대학교 심리학과 수전 데이비드 교수는 "감정을 억누르지 않으면서도, 그 감정에 끌려가지 않고 나답게 선택할 수 있는 능력", 즉 감정 민첩성*Emotional Agility*을 이야기한다. 자신이 느끼는 감정이 어떤 것인지 알아차리고 정확한 이름을 붙여주면(감정 라벨링) 전전두엽이 활성되어 감정 조절력이 향상한다고 한다. 그럼 부정적 감정에 휘둘리지 않고 반응 대신 선택을 할 수 있다.

미움, 시기, 질투하는 마음과 감사하는 마음은 공존할 수 없다. 감사는 마음을 편안하게 하고 몸과 마음을 건강하게 만든다. 감사도 훈련이고 습관이다. 학습할 수 있다. 하루를 시작하면서, 혹은 잠자리에 들기 전에 감사한 일 3~5가지를 꾸준히 적어보길 추천한다. 힘들고 짜증나는 상황이 있더라도 감사한 점을 '발견'하려 해보면 어떨까? 물론 쉽지 않을 것이다. 하지만 일단 아주 작은 무엇이라도 찾아냈다면 기꺼이 감사하자. 그리고 다음 감사할 점을 찾으러 또 나서보자. 감사는 삶을 변화시키고 재창조하는 힘이자 도구가 될 수 있다.

"당신이 갖고 있는 것에 감사하세요. 결국 더 많이 갖게 될 것입니다."

오프라 윈프리의 이 말처럼 당신의 삶에서도 많은 것들에 공감할 수 있기를 바란다.

번아웃과 셀프 러브

번아웃*burnout*은 어떤 일에 지나치게 몰두해 있다가 극도의 피로감과 무기력을 느끼는 증상으로, 불타버린 연료처럼 모두 소진된 상태를 말한다. 비슷한 증상을 더 구체적으로 구분하는 보어아웃*boreout*, 토스트아웃*toastout* 등 용어도 나왔다. 나도 비슷하게 마음이 어려웠던 때가 있다. 워크홀릭으로 일에 매달리다가 '나만 포기하면 된다'라며 자포자기하는 마음으로 바뀌었던 계기는 바로 번아웃 아니었을까?

민정 님은 레퍼런서® 살롱에서 "자영업자가 번아웃을 건너는 법"이란 제목으로 자신의 일과 삶의 서사를 이야기했다. 민정 님이 묘사한 번아웃 증상은 다음과 같았다.

- 평소 의사 결정이 빠른 편인데 결정을 잘 내리지 못하고 있는

자신을 발견하게 된다.

- 기분이 자꾸 가라앉는다.

- 예측할 수 없는 상황에 무기력감을 느낀다.

- 일의 효율성이 현저히 떨어지고 급기야는 일을 잘 못하게 된다.

- 아무에게도 온전히 이해받지 못할 것 같다는 생각에 고립감이 느껴진다.

평소라면 전혀 버겁지 않을 상황이 갑자기 힘들고 어렵게 느껴지고, 급기야 아무것도 할 수 없을 것 같은 무기력과 피하고 싶은 마음이 생긴다면 번아웃 증상이다. 세계보건기구*WHO*는 2019년 새 질병 관리 기준에서 번아웃 증후군*Burnout Syndrome*을 만성적 직장 스트레스로 분류했다.

나도 주변에서 열심히 사는 많은 이에게서 이처럼 소진되는 마음을 듣는다. 비단 직장 생활에서뿐만 아니라 육아 번아웃, 돌봄 번아웃, 창업가의 번아웃, 그리고 학업 부담으로 인한 청소년의 번아웃, 취업 준비생의 번아웃 등등. 하이텐션*high tension*(고도 불안) 사회의 MZ세대를 번아웃 세대라고 부를 정도이니 우리 사회에서 번아웃은 더 이상 특별한 일도 아니게 되었다.

번아웃은 지속 가능의 반대 개념이다. 창업을 함께 시작한 동료도 '쉴 줄 모르는 여자의 번아웃 관통기'라는 주제로 경험을 나누었다. 그 후 그녀는 '더 늦기 전에 후회하지 않도록 내린 결정'이라는 말을 남기고 창고살롱을 떠났다. 가슴 설레며 사이드 프로젝트로 가볍게 시작한 처음과 달리 창업을 준비하면서부터 부쩍 번아웃을 염려하던 동료가 결국 떠날 결심을 이야기했을 때 더 이상 붙잡을 수 없었다.

창고살롱 멤버 몇 명과 번아웃 경험을 나눈 적이 있다. 적당히 하자는 주의였는데 '엄마라서 그렇다'라는 말을 듣지 않기 위해 너무 열심히 살다가 공황장애를 겪은 일, 육아휴직에서 복직하며 아이가 없는 것처럼 이전보다 더 열심히 일하고 애쓴 시간을 이야기하는 사이 채팅창에서 누군가가 '번아웃방지위원회'를 제안했다. 규칙은 딱 두 가지. 첫째, 쓸데없이 비장해지지 말 것. 둘째, 내 탓만 하지 말 것. 우리는 자신에게 연료가 되는 일이 무언지 평소에 여유를 가지고 생각해보자고 서로에게 권했다. 번아웃에 대한

1차 처방은 쉼과 회복이 되어야 한다. 바운더리*boundary*를 설정하고 잠과 식사부터 제자리 찾기를 해야 한다. 스스로를 인정하는 내면의 태도 속에서 속도보다 생존에 방점을 두고 숨 고르기를 할 때다.

《나는 옐로에 화이트에 약간 블루》(다다서재, 2020)를 쓴 브래디 미카코는 심퍼시*sympathy*와 엠퍼시*empathy*를 구분해서 설명한다. 두 단어는 우리말로 똑같이 '공감'으로 번역된다. 단순한 마음 작용에 머무는 심퍼시와 달리 엠퍼시는 '내가 상대라면 어떻게 생각하고 행동할까?'를 상상해보는 '지적 작용*intellectualization*'이라고 한다. 창고살롱에서 다양한 맥락과 상황에서 많은 대화를 나누며 영감을 주고받다 보면 스스로에 대한 이해의 폭이 점점 넓어지고 메타 인지가 높아졌다. 누군가는 한마디로 "자신에 대한 해상도를 높여갈 수 있는 곳"이라고 커뮤니티 창고살롱을 표현했다. 나에 대한 이해가 생기면 주변 사람들이 속한 조직과 사회에도 더 관심을 기울이게 된다. 나를 잘 알고 사랑하면 비로소 주변이 보이기 시작한다. 그래서 타인에 대한 이해와 공감 능력, 엠퍼시가 커진다. 결국 더 좋은 사회와 공동체를 만드는 첫걸음의 힌트는 셀프 러브*self-love* 아닐까?

우리는 강한 멘털도 스펙이 되는 시대를 살아간다. 숫자나 데이터 위주의 효율성 제일주의는 더 이상 답이 아니다. 마음과 감정을 잘 관찰하고 돌보면서 크고 작은 쉼표를 허락하는 여유를 잊지 말자. 일상에서 5분간의 회복 루틴으로 마이크로 회복*micro-recovery*을 시도하고, 완벽하지 않아도, 100점이 아니어도 괜찮다는 훈련도 해보자. 그리고 충분한 셀프 러브, 자기 돌봄의 중요함을 잊지 말자.

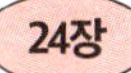

함께
버틸 수
있는
관계를
설계하라

신뢰의 구조부터 점검하기

다시 취업하기 위해 고민할 때는 스펙이나 전문성, 업무 역량이 중요하다고 생각했다. 그러나 창업 후 일을 만들어 가는 과정에서는 '함께'가 관건이었고, 일당백의 일을 해낼 수 있는 각자의 책임감과 유능함은 기본값이었다.

제로 투 원의 여정은 모든 영역에서 처음 맞닥뜨리는 과제의 연속이다. 창고살롱 커뮤니티는 '결혼한 여성의 커리어와 가정'이라는 지극히 사적인 인생 주제에서 시작되었다. 유자녀 기혼 여성이라는 당사자성에서 출발해 티키타

카가 오가는 대화에서 혼자서는 생각하지 못했던 아이디어가 구체성을 더해갔다. 구조화된 설계와 세심한 기획을 거친 파일럿 시즌을 실행하며 자연스럽게 티밍업*teaming up*이 되었다.

살롱지기 세 명으로 시작된 창고살롱은 시즌 3 이후 지기 구성이 바뀌었다. 계절학기에 객원지기 제도를 도입했고, 시즌 7부터는 다시 새로운 살롱지기 팀업을 만들었다. 살롱지기의 일은 명문화된 역할과 책임*roles and responsibilities, R&R* 구분이 없다. 직무나 직급도 없다. 서로가 서로에게 대안이자 백업이 되어줄 수 있는 구조로 일한다. 주간 회의에서 업무를 논의하지만, 위클리 미팅 전체에서 업무 어젠다가 차지하는 비중은 보통 30퍼센트를 넘지 않는다. 미팅은 각자의 안부와 가족의 상황, 그리고 현재의 에너지 레벨을 나누는 스몰토크로 시작된다. 일주일 동안 기쁘고 슬펐던 일상과 수행하기 버겁거나 어려운 일부터 이야기하고 함께 해결 방안을 정한다. 커뮤니티 운영자로서의 역할뿐 아니라 한 사람의 존재로서 삶의 역동과 맥락을 두루 이해하고 살피는 이토록 시시콜콜하고 장황한 위클리 미팅은, 그래서 시즌 내내 지기들에게도 가장 중요한 일정이자 힐링 모먼트가 되었다.

한 사람의 온 마음과 상황을 알게 되면 업무적으로 묻고 확인할 일이 줄어든다. 거의 없어진다고 표현할 수 있을 정도다. 과정을 공유하거나 중간 보고를 하지 않아도 신뢰하고 기다릴 수 있게 된다. 결과물을 보면 거의 항상 '역시나!' 안도하며 감사하게 된다.

쩜오시즌, 계절학기에 어쩌다 함께한 다섯 명의 객원지기 모두 지기로서의 가장 큰 특권이자 기다려지는 시간으로 '위클리 지기 미팅'을 꼽았다. 커뮤니티 멤버들과 소통하고 살롱 프로그램을 운영, 관리하는 본래의 일이 아니라 '내부 업무 회의가 제일 좋았다고?' 싶었다. 회의 일정을 반기는 직장인은 흔치 않다. 오죽하면 월요병이 있겠나. 위클리 지기 미팅의 매력은 무엇일까?

자발적 실행과 리더십

- 창고살롱의 모든 안건은 만장일치로 정한다. 각자의 생각을 이야기하고, 의사 결정은 다수결이 아닌 만장일치로 정한다.

- 위클리 미팅*weekly meeting*(주간 회의)에서 현재의 컨디션과 상황 등이 어떤지 스몰토크를 통해 충분하고 여유 있게 나누고, 업무 논의는 간략하게 한다.

- 주변 사람들에게 마음 쓰이는 부분이 있다면 공유하고 위로하며 함께 기도한다.

- 업무에 어려운 부분이 있다면 어떻게 하고 싶은지 먼저 묻고 도울 방법을 정한다.

- 마무리가 어려운 일이 있다면 반드시 해야 하는 일인지 같이 고민한 후 마무리 방도를 결정한다(꼭 하지 않아도 되는 일이라고 생각되면 과감히 일 자체를 폐기하기도 한다).

- 새로운 경험이나 도전에 대한 고민이 있으면 되도록 시도해볼 것을 서로 격려한다(결과에 상관없이 시도 자체를 일단 성공으로 생각할 수 있도록).

적고 보니 창고살롱 브랜드에 산소처럼 존재하는 조직 문화라 할 만하다. 함께 회의하다 보면 계획하지 않았던 일을 자진해서 제안하고 실행하는 경험이 반복적으로 생겼다. 작은 조직을 운영하다 보면 하고 싶은, 해야 할 일들이 여럿 보이지만 당장 해내야 하는 오늘의 과제와 데드라인에 우선순위가 밀려 중요하고 가치 있는 일을 건드리지 못하기도 한다. 데이터 분석 작업이 그런 영역 중 하나였다. 그러자 객원지기 찬이 님이 자진해서 소모임 살롱 데이터를 끌어모아 가공해서 분석한 인사이트를 공유했다. 이른바 '툴 덕후'이자 정리의 여왕인 전 살롱지기 인성 님의 노션으로 제작된 홈페이지나 브랜드 가이드가 적용된 발표 자료 템플릿 모두가 이런 과정에서 만들어졌다.

아마존 창업가 제프 베이조스는 스타트업에서 인재를 채용할 때 '선교사를 뽑으라'라고 언급했다. 창업 초기에는 재능과 능력, 좋은 경험이 많은 인재가 무조건 좋은 사람은 아니라는 것이다. 해당 브랜드 비전에 공감하고 제품과 고객을 사랑하며 함께 일하는 걸 즐거워하는 선교사 같은 사람이 좋다는 의미다. 교회에서는 '선교' 등의 일을 함께 수행하는 사람을 '동역자'라고 한다. 단순히 함께 일하는 동료 *co-worker*보다 높은 목적과 이상을 위해 같은 마음을 품고 함께 힘쓰며 협동하여 일하는 사람을 의미한다.

하버드대학교 교수 에이미 에드먼드슨은《티밍*Teaming*》(정혜, 2015)에서 빠르게 변하는 미래 사회에선 같이 일하는 사람이나 팀이 매일 바뀌어도 민첩하게 배우고 적응하는 티밍 능력이 중요하다고 강조했다. '티밍'이란 변화하는 환경 아래 여럿이 협업하면서 대응하는 과정을 뜻한다.

지속 가능한 여성의 일과 삶을 위한 일이라는 비전을 공유하며 서로에게 레퍼런서®가 되어주는 커뮤니티를 만들고 운영하는 과정을 서로 공감할 수 있는 사이. 서로의 이야기에 귀 기울이며 의사소통을 잘할 수 있는 관계로 새로운 지기 팀업이 이루어진 일은 기적 같았다. 작은 일이지만 힘을 모아 협력할 때 함께라서 지속할 수 있음을 가르쳐준 귀한 여정이었다.

함께 일하며 성장하기

어떤 시도는 누군가의 우연한 제안이나 적극적인 아이디어에서 시작된다. 레퍼런서® 은애 님의 '#당신의 해시태그' 소모임 살롱에 참여한 레퍼런서® 정은 님은 이 소모임에서 사용할 수첩을 만들고 싶어 했다. 살롱지기 DNA가 풀가동되었다. 혼자보단 두셋이 함께할 때 좋은 에너지가 커지고 배울 점도 더 많기에 '굿즈 만들기 프로젝트'팀을 만들었다. 창고살롱 사이드 프로젝트의 첫 실험이었다. 코로나19 시기 육아와 돌봄으로 10년 차 직장인 생활을 마감한 레퍼런서® 랄라 님과 소모임 리더 은애 님, 그리고 정은 님 세 명이 팀이 되었다. 주요 단계마다 과정을 회고하며 계획을 상의하고 필요한 내용을 서포트하며 유료 멤버십 커뮤니티에서 고객님으로 만난 관계가 사이드 프로젝트 팀원이 되어가는 과정을 가까이서 함께했다.

수첩 만들기 아이디어로 시작된 이 작은 프로젝트는 다양한 살롱에서 멤버들이 나눈 대화를 아카이빙하고 투표에 부쳐 '레퍼런서®의 말' 스티커와 엽서 등 굿즈를 만드는

기획으로 진행되었다. 레퍼런서® 대화가 영화나 드라마
명대사처럼, 감동적인 소설이나 에세이의 밑줄 그은 문장
들처럼 좋았던 기억을 함께 가지고 있던 우리 모두 이를 박
제하고 싶은 마음에 공감했다. 특정 유명인의 명언이 아니
라 동시대를 살아가는 평범한 주변 레퍼런서®들의 말^{quote}
을 기록하고 나누고 싶었다.

이 프로젝트 과정을 창고살롱 브런치 매거진 〈레퍼런서®
의 말들 창고살롱 굿즈〉에 기록했다. 지난 살롱 대화와 멤버
전용 슬랙 채널에서 소통한 기록을 모두 검토하고 후기 콘
텐츠를 꼼꼼히 살펴 레퍼런서®의 말 굿즈가 될 문장들을 수
집했다. 선별한 문장은 100개가 넘었다. 스티커와 엽서 디자
인은 정은 님이 맡았다. 패키지 디자이너로 일하던 정은 님
은 그래픽디자인은 처음이었지만, 마지막까지 무척 꼼꼼하
고 섬세하게 모든 과정을 잘 마무리해주었다. 레퍼런서® 멤
버들의 자발적 티밍업에 창고살롱이 협업했다. 프로젝트 결
과물인 '레퍼런서®의 말' 스티커와 엽서 굿즈가 멤버들에게
전해졌고, 창고살롱에서 직접 판매도 했다.

새로운 시도는 외부 자극이나 제안에서 온다. 마음 맞는

파트너와 기획을 만나면 갑자기 콜라보를 시도해보기도
한다.

　베트남에서 2년 만에 서울로 돌아와 적응하고 정리하는
시간을 보내고 있을 때였다. 청년 기업 스텐드랩*ST.END LAB*과
함께 서울시 평생교육원의 '4050 인생 설계학교'와 '4050
인생 디자인학교' 프로젝트를 진행할 기회가 생겼다. 스텐
드랩으로부터 일하는 속도와 새로운 툴을 능수능란하게
활용하는 능력을 배웠다. 그들은 살롱지기 팀이 일하는 태
도가 인상적이었다고 전했다. 무리하지 않으면서 우리만의
속도와 방식으로 지속하자는 원칙이 서로를 배려하고 협
업하며 편안하게 일하는 태도로 좋은 영향력을 미쳤다.

　혼자서는 시작부터가 쉽지 않다. 고비를 만나면 취약하
다. 언제든 멈출 이유가 계속해야 할 이유보다 더 많이 떠
오를 것이다. 함께하면 지속 가능하다. 함께 일한다는 건
단순히 일을 나누고 효율을 증대시키는 게 아니다. 서로의
삶을 이해하고 각자의 속도를 존중하는 일이다. 서로가 서
로에게 대체 가능한 일 구조를 설계하고 팀업을 이루면 일
과 삶을 모두 잘 가꾸어갈 수 있다. 클라우디아 골딘은 《커

리어 그리고 가정》에서 "서로가 서로에게 대체 인력이 되어줄 수 있는 직종에서는 모두가 득을 본다"라고 했다. 자기만의 속도와 방식으로 좋아하고 잘할 수 있는 일로 가치와 경험을 만들어내는 일, 뜻이 맞는 파트너와 콜라보하고 확장을 시도하며 성장을 지속할 수 있는 브랜드가 되려면 관계를 먼저 만들자.

속도를
늦출

용기를
가져라

속도는 능력이 아니다

대기업에서 일할 땐 속도가 중요했다. 일을 잘하는 건 기본값이고, 신제품 출시일, 프로젝트 마감일은 거의 항상 앞당겨지기 일쑤였다. 일정이 변해도 일의 퀄리티는 타협할 수 없었다. 더 오래 일하는 농민적 근면성이 충성심이고, 더 빠르게 프로젝트를 마무리하는 게 능력이라고 인정받는 분위기였다. 속도가 곧 실력이었다. 이런 조직 문화에서 기다림이나 다음 기회라는 말은 곧 실패나 낙오를 의미한다. 잠시 멈추어 심사숙고하는 시간도 일에 반드시 꼭 필요하다는 걸 배울 기회가 그때는 없었다.

경력 공백 후 작은 회사에서 일하며 나는 역설적이게도 기다림의 미학을 배웠다. 지금 당장, 더 빠르게 일한다고 해서 반드시 더 좋은 결과를 가져오는 건 아니라는 사실을 보았다. 마음이 조급하면 결정을 서두르게 된다. 기다리는 상대에게, 그리고 다가오는 데드라인에 기준을 두고 일하다 보면 프로젝트 자체의 목적이나 과정보다 스케줄이 우선시된다. 간트 Gantt 차트 한 칸 한 칸에 표시되는 진행 사항으로는 다 표현할 수 없는 고민과 주제들이 지워진다. 무언가 조금 말끔하지 않은 기분, 딱히 틀렸다고 판단하거나 바로 거절하지 못했지만 떠밀리듯 오케이했던 결정들이 후회로 남았던 적이 있다.

창고살롱을 운영하며 생각하지 못한 제안을 받은 적이 몇 번 있다. 그중 하나가 출판사의 연락이다. 책 읽기와 글쓰기에 진심인 레퍼런서® 멤버들이 모여 있다 보니 출판사에서 흥미를 가진 듯했다. 책과 연관된 커뮤니티로 인식되었다는 사실이 반가웠다. 출판사는 신간 리뷰 이벤트를 창고살롱과 함께해보고 싶다고 했다. 심사숙고했어야 마땅한데 덜컥 하겠다는 답장을 보내고 나자 후회가 밀려왔다. 즉흥적이고 감상적인 결정이었음을 깨달았다. 브랜드를 알아봐주고, 멤버 특성을 고려해 함께 이벤트를 해보자는 제스처에는 우선 감사한 마음이 컸다. 책 읽기를 좋아하는 멤버들에게 신간 도서도 무료로 제공한다고 하니 거절할 이유가 없어 보였다. 책의 주제도 현대인이라면 관심 갖고 주목할 만한 주의 집중에 대한 내용이었다.

하지만 중요한 사실을 한 가지 놓쳤다. 평소 새로운 기획을 할 때 가장 먼저 스스로에게 하는 질문을 잊었다. '만약 나라면? 멤버들은 새 책 리뷰 이벤트에 참여하고 싶을까?' 언제부터인가 평소 읽고 싶은 책이 무척 많아져서 항상 다음에 읽을 책 목록을 가지고 있는 편이다. 물론 아주 흥미로운 신간이 나오면 기존 읽을 책 리스트보다 먼저 읽어볼 수도 있겠지만, 북 리뷰라는 의무가 동반되는 숙제 같은 책 읽기라면 글쎄… 하는 마음이 들었다. 그제야 아차 싶었다. 멤버 몇 분께 개인적으로 슬쩍 물어보니 비슷한 답변이 돌아왔다. 하지만 이미 긍정적으로 답변해서 일은 저질러진 상황이었고, 이 사태를 어찌 수습하면 좋을지 고민이 깊어졌다. 공개적으로 모집하는 창고살롱 이벤트 대신 그 책에 관심 있고 리뷰를 작성할 의사가 있는 레퍼런서® 멤버 몇 분과 따로 소통하여 진행하기로 협의했다.

책을 읽고 구조화된 대화를 나누는 창고살롱 스토리 살롱 프로그램이나 북번개 소모임 살롱의 핵심에서는 어떤 책인가가 중요하지 않다. 무슨 책이든, 멤버들과 함께 읽고 싶은 '이유'와 대화 나누고 싶은 '주제'가 반드시 있다. 그래서 누군가가 무료로 제공하는 책이 동기가 되기는 어렵다. 이런 이벤트가 성립하려면 사전에 그 책을 읽고 레퍼런서® 멤버들과 나누고 싶은 주제가 있어야 한다. 즉 해당 시즌 주제와 잘 맞거나 그 시즌에 참여한 레퍼런서® 멤버 개개인의 관심사와 결이 맞아야 의미가 있다.

기다림도 전략이다

어떤 출판사는 신간 서적과 창고살롱의 핏이 잘 맞을 거라고 제안해 오기도 했다. 출간 전 원고를 파일로 먼저 전해준 출판사의 넓은 아량에도 불구하고 그 책을 창고살롱에서 진행하지는 못했다. 어떤 주제로 무슨 이야기를 나누면 좋을지 공감할 수 있는 내용이 많지 않았기 때문이다. 멤버들에게 어떤 영감과 용기를 줄 수 있을지, 그녀들의 일과 삶에 무슨 레퍼런스가 될지 상상이 잘되지 않아 정중하게 거절했다. 이렇게 시간이 많이 걸리고 번거롭지만, 노력을 들여 기다리며 천천히 검토하고 고민하는 것이 결국은 내가 가야 할 방향이라고 생각한다.

전략이란 이런 것이지 않을까. 성급한 결정은 후회로 남기 쉽다. 조급한 결정은 이성적 사고를 마비시키고 대응에 초점을 맞춘다. 무료 책 이벤트로 창고살롱을 알리고 그렇게 작성한 리뷰 콘텐츠로 출판사 신간을 홍보하는 활동은 창고살롱이 아니더라도 무한 복제가 가능하다. 창고살롱에서 가능한 경험은 따로 있다고 믿는다. 어떤 책에서 개인적 영감과 흥미로운 인사이트를 얻은 누군가가 선정한 책을 함께 읽고 나누는 구조화된 질문과 대화 같은 것. 이런 본질을 유지하려면 시간을 들여야 한다. 한 페이지 한 페이지 모두 읽고 고민하며 한 권의 책을 고르는 일, 나에게 도

달한 질문과 나누고 싶은 대화를 고민하고 선정하는 일의
올바른 방향을 찾아가려면 기다려야 한다. 한 땀 한 땀 심
사숙고하는 게 고유한 정체성, 곧 브랜드가 된다.

화제가 되기보다는
신뢰부터 쌓기

"JOMO*Joy Of Missing Out*를 추구하는 삶"이라는 제목으로 창
고살롱 뉴스레터를 발송한 적이 있다. 2년간의 베트남 생
활을 마치고 한국으로 돌아올 준비를 하던 시기에 쓴 글이
다. 온라인에서 커뮤니티 사업을 시작하며 인스타그램을
시작했다. 개인적 일상을 공개하는 것이 내키지 않기도 했
고, 부지런함과 꾸준함이 취약한 탓에 미루던 일이기도 했
다. 그런데 시작하지 않을 수 없게 된 셈이었다. 창고살롱
인스타그램 브랜드 채널은 유일한 홍보 채널이자 판매 수
단이었다. 시즌 2부터 결제 가능한 홈페이지를 별도로 오
픈했지만 모든 소식은 인스타그램을 통해 가장 먼저 전하

며 소통했다. 수시로 SNS를 들여다보니 '좋아요' 수나 댓글에 자주 일희일비하게 됐다.

코로나19 시기에 방구석 창업으로 온라인 비즈니스를 시작했기에 소셜미디어 의존도가 높았다. 새로운 시즌을 시작할 때, 오픈 살롱 참여자를 모집할 때 몇 번의 유료 광고를 소액으로 집행해보았다. 큰 금액을 투자하지 않아서인지 몰라도 금세 깨달음이 생겼다. 브랜드 특성상 광고로 유입되는 타깃은 많지 않았다. 팔로워가 아닌 유저에게 노출되는 정도와 대비해 반응 수가 그다지 높지 않았다. 반면 저장률은 유의미하게 높았다. 무엇보다 시즌 멤버십 재가입률이 대부분 50퍼센트 이상을 유지했고, 신규 멤버는 지인의 추천이나 소개를 받은 경우가 대부분이었다.

우리만의 정체성이 만들어졌다. 짧은 시간에 2~3배 가입자 수가 느는 드라마는 없었지만 꾸준히 함께하는 멤버가 유지되면서 그 농도가 짙어졌다. 언제든 아이디어가 떠오르면 새로운 프로젝트를 제안하고 함께 작당모의를 해볼 수 있는 레퍼런서® 멤버가 늘어났다. 통계에 따르면 창업 3년 차 생존율은 42.5퍼센트 정도라고 한다. 5년 차가 되면 상황은 더 심각해져서 열에 일곱은 사라진다고 한다. 대기업 직장인일 때 상상할 수 없던 가장 큰 가치관의 변화는 '기다림의 미학'이 아닐까? 뭐든 빠르게 정답을 찾아 리스크를 최대한 낮추고 검증된 방식으로 속도를 내는 일의 문법이 최선이 아니라는 점을 배웠다. 창고살롱을 운영하면서 때론 멈춤이, 또 어떨 땐 기다림이 더 좋은 다음 문을 열어주었다.

구약성경 〈잠언〉에는 이런 구절이 있다.

"부지런한 자의 경영은 풍부함에 이를 것이나 조급한 자는 궁핍함에 이를 따름이니라."(21장 5절)

부지런한 자의 반대 개념으로 게으르거나 나태한 자가 아니라 조급한 자가 나온다. 조급함에도 빠르고 성실하게 일을 처리하고자 하는 마음이 분명 있다. 하지만 내가 성급하게 무언가를 결정하거나 일에 응대하고자 했을 때의 상황을 떠올려보면 지혜서, 〈잠언〉이 전하고자 하는 말을 조금은 알 것 같다.

오늘 가능한 선택에 집중하라

완벽하지 않아도 일단 시작하기

린스타트업*Lean Startup*, MVP*Minimum Viable Product*, PMF*Product Market Fit*, 피벗, 애자일*Agile* 등은 스타트업 신에서 자주 사용되는 용어다. 구글 창업가 프로그램에서 만난 예비 창업가 동기 몇몇은 정부 지원금으로 스타트업을 시작했다. 지원금은 상당 부분 MVP를 개발하는 외주 용역비로 사용하고 앱이나 웹사이트를 결과물로 세상에 내놓는다. 제품이나 서비스를 시장에 소개할 때 처음부터 완벽하게 하려 하지 말고 꼭 필요한 최소 기능만 갖춘 제품을 만들어 먼저 시장과 고객을 상대로 테스트하면서 피드백을 받아 보완할 필요가 있다는 아이디어에서 출발한 콘셉트다.

문제는 그 '최소한의 기능'에 한껏 모호함이 있다는 점이다. 제품이나 서비스를 처음 시장에 소개할 때 매끄러운 사용자 경험*seamless experience*이 중요한데, 개발과 UX/UI를 잘 모르는 내가 MVP를 내놓으려면 아예 서비스를 시작조차 못 하겠다는 생각이 들었다.

린스타트업의 MVP 개념을 처음 만든 에릭 리스는 개발자였다. 만들고 싶은 제품이나 서비스를 구현할 기술과 환경이 있는 창업가들에게 가능한 시도라는 걸 나만의 구체적 MVP를 그려가며 실감했다. 그럴듯한 웹이나 앱 서비스를 개발하는 걸 목표 삼을 순 없었다.

'여성과 일'을 주제로 처음 내가 한 것은 비슷한 여정을 지난, 엄마가 되어 경력이 단절된 ICW 프로그램 멤버들과 북클럽을 만든 일이다. 당시 상황에서 내 옆에 있던 그녀들과 바로 시작할 수 있는 일이었다. 마음을 모으고 목적과 형식에 동의하니 일정을 정하는 것으로 모든 세팅이 마무리되었다. 단톡방에서 모든 소통을 이어가면서 작당모의에 경험이 쌓였다.

자체 웹사이트나 앱이 있다면 고객 관리나 이벤트 활용 등에 유리한 점이 많을 것이다. 하지만 무자본 창업으로 집에서 노트북 하나 들고 온라인으로 시작한 일에 무조건 외주 개발비를 투자하는 리스크를 감당할 용기는 없었다. 서비스의 핵심은 사람들과의 '연결'과 '진짜 대화의 경험'이었다. 한 땀 한 땀 수작업으로 모든 과정의 서비스를 시작했다. 경험 디자인은 해볼 수 있겠다고 생각했다.

대기업에서는 개인이 거대 조직의 아주 작은 부분의 역할을 맡아서 수행한다. 나는 글로벌 본사 조직에서 일한 덕분에 다양한 제품과 서비스, 지역과 국가별 시장 특성, 그리고 경쟁 상황이나 소비자 맥락 등을 이해할 수 있는 경험과 넓은 시야를 가졌다. 하지만 업무 경험이 브랜드 전략 관점에 집중되어 좁고 한정되었다. 막상 사업을 시작하니 처음부터 끝까지 모든 과정을 온전히 내 손으로 수행해야 했다. 비전과 핵심 메시지 설계가 중요하지만 이를 누구에게 어떤 채널로 어떻게 전달하느냐는 실행도 구체적으로 함께 고민하고 해내야 했다. 현실에서는 실행 결과만 보이는데 나는 실행까지 직접 해본 경험이 적었다. 마케팅에도 전략, 콘텐츠, 데이터 분석, 전시, 이벤트 등 다양한 분야가 있다. 더구나 온라인 중심 환경은 기존 ATL/BTL*Above the Line/Below the Line*(불특정 다수에 대한 대면 커뮤니케이션/특정 타깃에 대한 커뮤니케이션) 세상에서 일했던 내게 그 경계와 구분이 흐릿하고 완전히 통합된 신세계였다.

경험해보지 않은 분야를 이론 공부만으로 구체적으로 알기는 어렵다. 큰 조직에서의 일은 과정이 잘 기록되지도, 전달되지도 않는다. 해당 업무 담당자나 의사 결정권자가 아니면 같은 그룹 내에서도 프로젝트의 상세 내용을 잘 알기 어렵다. 회의록의 의사 결정 사항과 앞으로 할 일 등은 담당자와 임원만 공유한다. 오직 보고된 결과만 평가되고 남는다. 시행착오나 실패 과정은 기록되거나 공유되지 않는다. 회고 경험도 드물다. MVP를 대하는 나의 첫 마음은 '최소한'이라는 단서가 무색하게 완벽히 계획하고 설계한 신제품을 시장에 소개해야만 할 것 같은 긴장감이었다. 그런 마음은 시도할 엄두조차 내지 못할 만큼 자꾸 상황을 어렵게 만들었다.

솔직한 대화를 이끌어내는 법

정해진 원칙과 매뉴얼을 잘 따르며 일하는 방식에 익숙했던 나는 학창 시절이나 인생에서 큰 모험이나 일탈을 해본 적이 별로 없다. 지극히 평범하고 예외 없는 보통의 삶을 살았다. 그래서 MVP가 아닌 무언가 더 엉성하고 얼렁뚱땅이더라도 많은 준비가 필요하지 않은 더 간단하고 가벼운 단계가 필요했다. 내가 택한 방법은 '그냥 한번 해보는 것'이었다. MVP를 잘 만들 수 있어야 창업할 수 있다는 고정관념에 갇히지 말고 지금 여기서 당장 내가 할 수 있는 일, TDO*Today's Doable Option*을 시도해본 경험이 마법처럼 창업의 문을 스르르 열어주었다. 머릿속 아이디어를 잘 정돈해 메시지를 만들고 일관된 브랜드로 전하는 것. '커뮤니티' 프로그램을 모르는 사람들과 함께 경험해보는 것 등을 먼저 시도했다. '안 되면 말고' 식의 가볍고 즐거운 마음으로 시작했다. 사이드 프로젝트였기에 가능했다.

작당모의를 도모할 동료들과 함께여서 자발적으로 자신에게 편하고 익숙한 역할을 각자 맡아 즐겁게 해낼 수 있었다. 영화나 책을 각자 보고는 낯선 이들과 온라인에서 처음으로 한자리에 모였다. 나는 자연스럽고 솔직한 대화를 이끌어내는 퍼실리테이터 역할을 맡았다. 잘 듣고 응답하는 일, 상대의 메시지를 이해하고 대화가 끊기지 않도록 적절한 소감과 감상, 때로는 떠오르는 콘텐츠나 인사이트를 나누며 공감하고 대화를 리드했다.

오프라인 진행과 온라인 리드는 다른 점이 많았다. 같은 장소에 모여 있을 때는 분위기를 살피다가 자연스럽게 누군가가 먼저 이야기를 꺼내며 대화가 오고 간다. 하지만 온라인에서는 퍼실리테이터의 역할이 훨씬 더 중요하다. 화자를 한 사람 호명하면 그가 이야기하는 동안 다른 사람들은 경청하는 구조가 필요했다. 발언권과 발언 시간 등을 조율하는 역할도 솔직한 대화가 충분히 오가는 것만큼이나 중요했다. 모두가 화면을 켜고 집중하며 공감할 때 좋은 라포가 형성된다. 자연스레 모두 직접 경험해보고 나서야 새롭게 배운 사실이다. 누가 어떤 이야기를 얼마나 길게 할지는 실제로 해보지 않고서는 알 수가 없다. 시간 제한을 두는 장치도 검토해보았지만, 좋은 대화 분위기를 형성하는

데 방해가 된다는 점을 확인하고 과감히 접었다.

정답주의에서 벗어나
수정주의로 사고하기

큰 조직에서 행사를 준비할 때는 아주 작은 부분까지 철저하게 큐시트에 포함하고 리허설도 철저히 한다. 그래서 문서화할 수 없는 모호한 내용들, 숫자로 계획할 수 없는 보이지 않는 요소는 큰 고려 대상이 아니다. 하지만 커뮤니티를 만들기 위한 좋은 대화 경험을 디자인하는 일에는 무엇보다 감정과 기분 그리고 분위기가 중요했다.

파일럿 프로그램에서 새로운 사람들과 좋은 대화를 나누며 경험했다. '이게 되는구나!'라는 감동이 동력이 되어 속도에 기름을 부었다. 레고 블록을 하나하나 쌓아 올리듯 새로운 활동을 시도해보는 경우가 늘었다. 조직에서 배운 일 감각이 어느새 다시 깨어나는 활기찬 느낌이 짜릿하고 좋았다. 하지만 소박한 규모와 한정된 자원, 변화한 상황에 맞춰 나만의 작은 브랜드를 만들고 고객에게 전하는 일은 때로는 생소하고 막막해서 어깨에 잔뜩 힘이 들어가 긴장되고 식은땀이 나기도 했다. 동료들의 칭찬과 응원은 낙심한 마음에 다시 에너지가 되었다. 파일럿 프로그램에서 기획, 진행을 하며 창고살롱 시즌 1을 론칭하고 모집, 온라인 마케팅, 콘텐츠 기획 및 작성, 그리고 끊임없는 CS*Customer Service*(고객 서비스)를 하며 폭풍 성장해갔다. 새로운 툴을 배우고 익히며 하나씩 해낼 수 있는 작업도 늘어갔다. 일의 양이 아주 많았던 CS 영역이 사실은 그리 큰 '투두'의 영역으로 여겨지지 않았다. 유료 가입자 고객들과의 끊임없는 소통이, 다양한 주제와 맥락으로 이어지는 대화가 모두 영감과 에너지가 되었다. 때론 동료 같기도, 또 주주 같기도 한 레퍼런서® 멤버들 덕분에 다음 시즌을 계속할 수 있었다.

파일럿 시즌부터 그렇게 총 아홉 번의 시즌을 지났다. 시작은 MVP도 없이 그냥 내가 지금 할 수 있는 일, TDO로 즐겁고 가볍게 해본 시도였다. 완벽한 계획은 늦고, 엉성한 시도는 먼저 배우며 나아간다. 지금, 여기서 가능한 선택을 실행하는 용기가 나를 움직이고 나의 일을 성장시키는 유일한 방법이었다.

누구나 자신이 생각하는 무언가를 어떤 식으로든 시도하고 시작할 수 있는 시대가 왔다. 코로나19를 지나며 발전한 다양한 툴과 생성형 AI 기술이, 그리고 그 시기를 겪은 사람들의 감각이 아이디어를 좀 더 쉽게 구현할 수 있는 세상을 가속화했다. 별것 아닌듯한 무언가가 누군가에게는 쓸모 있는 영감과 에너지를 주는 상품과 서비스가 될 수 있다.

자신이 오늘 여기서 하고 싶은 일, 그리고 할 수 있는 일, TDO를 차분히 생각해보자. 최소한의 무언가를 갖추어야만 시작할 수 있다고 지레 겁먹고 멈추지 말고 아주 작은 행동 한 가지를 시도해보며 차근차근 보완하면 된다. 프로세스 이코노미를 실현하기 위한 첫 단계는 '정답주의'에서 벗어나 '수정주의' 사고를 하는 것이라고 《프로세스 이코노미》(인플루엔셜, 2022)를 쓴 오바라 가즈히로는 말한다. 지지와 응원을 통해 용기를 얻고 시작하면 아무것도 아닌 일*nothing*이 무언가*something*가 되어간 나의 경험이, 레퍼런서®들과 함께 만들어간 우리의 경험이, 이 책을 읽는 독자에게 기분 좋은 상상과 구체적인 가능성으로 전해지길 바란다. 잘하려는 마음보다 해보려는 마음으로 TDO을 선택해보자.

27장

열정과
진심은

실력으로
이어진다

독서하며 다시 공부를 시작하다

회사에서 중요한 프로젝트를 잘 마무리하면 유능하고 능력 있다고 인정을 받는다. 능력은 일을 감당해낼 수 있는 힘이나 지식을 뜻한다. 하고자 하는 일이 뜻대로 잘되지 않거나 원하는 성과를 내지 못할 때 우리는 능력이 없다고 한탄한다. 새로운 일을 접할 때 남들보다 배우는 속도가 빠르거나 혹은 배우지 않은 영역에서 어떤 능력을 보일 때 재능이 있다고 한다.

나는 글쓰기에 재능이 별로 없다. 어릴 때부터 일기를

써왔거나 글쓰기를 평생 취미로 꾸준히 이어온 사람과는
거리가 멀다. 책 쓰기에 그토록 오랜 시간이 걸린 핑계를
이렇게나마 찾아본다. 글쓰기에 필연적인 독서에 본격적
으로 흥미를 갖게 된 것도 회사를 그만둔 이후인 30대 중
반부터였다. 그때부터 책 읽기가 일상에서 중요한 부분을
차지하기 시작했다. 그전까지 나의 독서 목록은 전공 서적
과 실용서나 자기계발서, 그리고 신문과 경제 주간지 정도
였다.

도서관에 자주 드나들면서 책과 가까워졌다. 커리어에
미련을 두고 전업주부로 두 아이를 돌보며 책을 통한 육아
에 열심을 냈다. 마치 나의 무대는 막을 내렸으니 이제 존
재의 이유는 두 아이를 온전히 잘 키워내는 양육자 정체성
에만 남아 있다는 듯, 동네 구립도서관 다섯 군데의 멤버
십 카드를 가족 명의로 만들고 정기적으로 책을 빌렸다. 나
이대별, 분야별로 두 아이에게 꼭 필요한 추천 도서 목록을
들고 온전히 아이들 책으로만 카트를 꽉꽉 채워 도서관에
서 집으로, 집에서 도서관으로 책을 배달했다. 한 도서관에
서 최대 20권씩 2주간 빌릴 수 있으니 여러 도서관 대출 목

록을 합치면 분명 욕심이 과했다. 하지만 당시엔 건강한 이성이 잘 작동하지 않았다. 시간과 에너지를 투자해 엄선한 도서 목록을 항상 핸드폰에 저장해뒀고, 빌려 온 책을 아이들이 다 읽지 않으면 화가 났다. 육아나 살림에서 투자 대비 효율이 나지 않는 상황이 생기면 마음이 무너졌다. 일할 때처럼 목표를 달성하지 못한 원인을 분석해 수정, 보완하는 대신 분노하고 좌절했다.

그러던 어느 날 이 모든 욕심을 내려놓고 아이들 책 대신 내가 읽을 책을 살펴보기 시작했다. 처음엔 육아서 위주로 책을 골랐다. 독서력이 쌓일수록 읽고 싶은 책이 기하급수적으로 늘었다. 책에 인용된 책, 해당 작가가 쓴 다른 책, 같은 주제의 다른 작가 책으로 독서 범위가 확장되었다. 이전엔 별로 관심이 없던 소설, 역사, 인문, 철학 서가에도 발을 들여놓게 되었다. 많이 읽다 보니 책 이야기를 나누고 싶어졌다. 주변 사람들과 대화하다 보면 권하고 싶은 책이 떠오르기도 하고, 특정 주제에 대해 고민하는 지인의 이야기를 들으면 도움이 될 만한 책이 생각나 즉석에서 추천하기도 했다. 자연스러운 독서 경험이 쌓이고 확장되니 나도 모르게 나만의 작은 도서 데이터베이스를 갖게 되었다. '여성의 일과 삶'이라는 주제에 대해서도 상황별, 생애 주기별, 타깃별 큐레이션이 가능해질 만큼 내 안에 지식이 쌓이면서 생각도 함께 자랐다. 호기심이 즐거움으로, 그리고 배움과 능력으로 이어진 셈이다.

꾸준함은 재능보다 세다

꾸준한 실천과 지속하려고 노력한 마음이 역량으로 차곡차곡 쌓였다. 그런 종류의 능력은 자격증이나 학위처럼 간단히 종이 한 장으로, 이력서 한 줄로 증명하기 어렵다. 하지만 '지속 가능한 여성의 일과 삶'을 고민하는 사람과 마주할 때 더욱 귀를 쫑긋 세워 집중해서 듣게 되고 저절로 아이디어가 마구 떠오른다면 이는 능력이 아닐까? 그들이 무슨 고민을 하고 어떤 지점을 걱정하는지, 무얼 두려워하는지, 도움이 될 만한 사람이나 콘텐츠나 프로그램은 무엇이 있는지 대화하다 보면 떠오르는 생각들을 전달할 수밖에 없었다. 창고살롱 소모임은 이 과정에서 생겨났다.

　소모임 살롱은 처음 창고살롱을 만들 때는 생각하지 못한 프로그램이었다. 시즌 1 멤버 슬랙 채널에 '#무엇이든_해봐요' 채널이 있었다. 주식·부동산 투자 강연이 넘쳐나는 세상이지만 창고살롱 멤버 눈높이에 맞는 재테크 스터디나 강연을 제안한 멤버가 있었다. 처음 주식 투자를 시작한 지 5개월쯤 된 멤버가 '적립식 주식 투자로 경제적 자유 만들기' 소모임 살롱을 열었고 질문과 호응, 감탄이 이어졌다. 그렇게 시작된 소모임 살롱은 여러 시즌을 지나며 좀 더 다양한 주제와 형태로 늘어났다. 미래는 알 수 없고 사업은 계획대로 되지 않는다는 진리를 숫자로 다시 한번 확인했다. 소박한 레퍼런서® 멤버들이 만든 진심으로 대단한 숫자였다. 세상이 정해놓은 기준이 아닌 순수한 열정과 흥미, 자발적 시도가 만들어낸 빛나는 성취였다.

　인생의 여정에서 누구나 일과 삶의 변곡점을 만난다. 인생에 정해진 정답은 없다. 누구도 혼자서만 고민하다 포기하고 조용히 자기만의 세상으로 사라지지 않으면 좋겠다. 이 작은 소모임 살롱의 불씨가 레퍼런서® 각자의 고유한

서사를 마음껏 발산할 수 있도록. 서로가 서로에게 좋은 영
감과 용기와 감동을 전하는 '의미'와 '가능성'의 신호가 되
길 소망한다. 발견하고 쿡쿡 찌르기가 특기인 나와 살롱지
기들, 그리고 레퍼런서® 멤버 서로가 등 떠밀고 참여하며
영감과 동력을 전하는, '되어가는 경험'을 함께 만들어갔다.
열정과 진심이 모이면 능력이 된다.

'1만 시간의 법칙'이라는 말이 있다. 어떤 분야에서 고도
의 전문성을 확보하려면 최소한 1만 시간 정도의 훈련이
필요하다는 이론으로, 스웨덴 심리학자 안데르스 에릭손
이 발표한 개념이다. 말콤 글래드웰은 《아웃라이어*Outliers*》
(김영사, 2019)에서 평범한 사람도 지속적으로 노력하며 특
정 분야에 1만 시간을 투자하면 전문가 수준에 이를 수 있
다고 말한다. 하지만 과학자이자 스포츠 기자 데이비드 엡
스타인은 《스포츠 유전자*The Sports Gene*》(열린책들, 2015)에서
후천적 노력보다 타고난 재능이, 특히 운동선수들에게 더
욱 중요하다고 주장하며 1만 시간의 법칙을 정면으로 반박
한다. 운동선수의 성공을 결정짓는 건 노력보다 유전자라
며, 아무리 노력해도 성과에 미치는 영향력은 한계가 있다

고 주장한다.

실력은 현실에서 성과로 나타난다

재능과 노력 중 무엇을 성공의 필요조건으로 볼지에 대해 반대 의견을 지닌 글래드웰과 엡스타인은 지속적으로 교류했고, 이후 엡스타인은 《늦깎이 천재들의 비밀*Range*》(열린책들, 2020)을 집필했다. 이 책에서 그는 재능이 중요하지만 삶에서 다양한 시도를 해보지 않으면 이를 발견할 수 없다며 "자신에 대해 배우는 게 무엇을 배우는지보다 중요하다"라고 했다. 엡스타인 자신도 사실은 복잡한 경력을 돌고 돌아 작가가 된 '늦깎이'인 셈이라며 "모든 리서치는 결국 미서치*me-search*입니다"라는 명언을 남겼다.

누구도 몰라볼 수 없는 타고난 재능 같은 것은 분명히 있다. 예술이나 체육, 과학 영역에서 이런 재능은 특히 두드러진다. 하지만 나는 일을 통한 성취와 성공은 평범한 사람들의 꾸준한 노력 여부에 달려 있다고 본다. 노력을 지속하는 것도 능력이다. 그래서 꾸준한 노력은 실력의 핵심 요건이 된다. 능력이 있다고 해서 모두 실력을 인정받는 건 아니다. 내가 독서를 통해 내공을 쌓는 동안 능력을 키워왔다고 할 수 있겠지만 창고살롱을 만들지 않았다면 실력을 이야기하긴 어려웠을지 모른다.

능력이 가능성이라면 실력은 현실에서 성과로 나타난다. 번뜩이는 100가지 아이디어보다 시행착오를 거치며 꾸준히 하나의 실행을 이어가는 게 훨씬 중요하다. 능력을 갈고닦아 실력으로 펼쳐내는 일은 중요하다. 무언가를 알고 있는 것과 직접 시도해본 건 다르기 때문이다. 지속 가능한 여성의 일과 삶을 인생 주제로 삼아 다양한 레퍼런서®를 만나며 많은 연결을 만들었지만 살롱지기들과의 작당모의를 통한 창업이라는 실행이 없었다면 여성 커뮤니티를 지속할 수 없었을지 모른다. 능력이 현실의 성과로 이어지려면 주변 환경과 사람들의 영향이 중요하다.

나만의 슈퍼파워를 찾아라

소모임 살롱은 자신만의 새로운 콘텐츠를 발굴하고 무어라도 시도해볼 수 있는 '안전한 판'이다. 학위나 자격증 같이 사회가 부여한 인증서가 아니라 자신의 열정과 관심, 재능을 펼쳐 실험할 수 있는 기회의 장이다. 그냥 지나치고 말 사물이나 현상에서 '신호'를 포착하고 레퍼런서® 멤버 각자의 '가능성'을 '발견'하는 태도는 살롱지기의 쿡쿡 찌름력, 등 떠밀기력의 필수 역량이다. 창고살롱의 비전은 레퍼런서® 멤버들이 각자의 서사를 가질 수 있도록 돕는 것이다. 레퍼런서® 멤버 모두가 1인 1커뮤니티를 만드는 그날을 그려본다. 노년에는 다양한 레퍼런서® 멤버들의 살롱에 참여하며 지낼 수 있다면 얼마나 행복할까? 머릿속 상상과 이상을 창고살롱 밖 다른 실험의 무대로도 확장하는 일은 생각만으로도 설레고 기쁘다.

스스로를 잘 들여다보고 관찰하며 자신에 대한 이해를 높여가는 건 능력을 키우는 데 기본값이다. 스스로의 다양한 경험과 시도 못지않게, 따뜻한 관심과 애정을 가지고 응원을 아끼지 않는 소중한 사람들의 존재는 슈퍼파워를 장착한 것과 같다. 자신에게만 꽂혀 있던 시선을 타인에게 돌리고 곁을 내어줄 때 나도 누군가에게 좋은 영향력을 미칠 수 있다.

객관식 선택지에서 고르는 뻔한 정답 말고 자신만의 길을 창의적으로 만들어가는 사람이 많아지길 소망한다. 자신의 재능을 끊임없이 탐색하고 열정적으로 시도하며 진심을 다할 수 있는 일을 찾아가는 능력이 실력으로 증명되고 성과를 얻을 수 있다고 믿는다. 속도와 방법은 저마다 다를지라도 열정과 진심은 능력으로 자신 안에 차곡차곡 채워지고 있기에.

28장

나만의 이야기로 브랜딩 하라

스펙보다는 서사가 중요하다

《롤모델보다 레퍼런스》를 만들 때의 일이다. 당시 대학생이던 저자들은 미래에 대한 고민에 도움이 될 만한 질문을 계속 던지는 내게 말했다.

"질문이 조금 식상한 것 같아요. 저희는 '자소서 세대'라 이런 질문에 익숙해요."

'무엇을 좋아하는지? 무슨 일을 잘하고 싶은지? 중요하게 생각하는 가치는 무엇인지? 힘들고 어려운 상황을 만났을 때 그 시간을 어떻게 견디고 지나는지?' 등 인터뷰를 준비하며 저자들에게 영감을 줄 수 있는 창의적인 질문을 생각하느라 머리를 쥐어짜던 내게 그들은 이렇게 말했다. '자소서 세대'란 표현도 신선했다. 대학교 입시를 위해 중고등학생 때 정한 진로에 맞는 스토리가 그려지도록 연관 활동을 생활기록부에 설계하고 실행하는 학창 시절을 보냈다는 뜻이다. 자신을 좀 더 돋보이게 만들기 위해 과장과 허구로 쓴 내용을 그래서 '자소설'이라 부른다.

경력 공백을 통과하며 비로소 나는 왜 일하고 싶은지, 그 일은 내게 무슨 의미인지, 세상에 어떤 의미를 만들어낼 수 있는지 질문하기 시작했다. 질문의 답을 생각하면서 나만의 서사가 정리되었다. 자신만의 스토리는 줄 세우기식 스펙보다 힘이 세다.

사회의 기준, 기업이 요구하는 조건을 의식하며 졸업을 앞두고 학점과 토익 점수, 자격증을 챙겼다. 어떤 일을 하기 위해 자격을 갖추는 것은 중요하지만, 스펙의 영향력은 사회 초년생의 출발선을 조금 앞당기거나 선택의 문을 조금 넓히는 역할 정도로 한정된다.

'이력서 미인'이란 말이 있다. 훌륭한 스펙을 갖춘 인재인 줄 알고 뽑았는데 서류상으로만 그러했다는 웃지 못할 현실을 반영한 표현이다. 사람의 역량, 진정한 능력은 서류만으로 파악하기 어렵다. 가치관이나 태도에 대한 평가는 함께 일해보기 전까지는 유보할 수밖에 없다.

스토리는 좀 다르다. 삶의 모든 경험과 과정이 온전히 자신의 고유한 자산이다. 스펙에선 실패 경험이 삭제된다. 오직 만족스럽고 자랑할 만한 숫자나 학위, 자격증이 무색무취의 결괏값으로 나열된다. 스토리에서는 고군분투한 경험, 시행착오 과정이 자신만의 능력과 태도, 가능성을 설명하는 특별한 재료가 된다.

대기업의 11년 차 중간관리자로 퇴사하며 커리어가 끝났다고 생각했던 과거의 나는 철저히 스펙 중심으로 사고했다. 한창 커리어 개발이 중요한 시기에 경력 공백이 생겨버린 이력서는 경쟁력을 상실하고 자격이 없을 거라고 단정했다. 어떤 가능성도 탐색하지 않고 차라리 고립과 은둔의 길을 선택했다. 'All or Nothing'의 흑백논리에 갇혀 있었다. 내 모습에 대한 실망과 회피, 이런 결정에 직간접적으로 영향을 준 가족을 원망하는 마음이 있었다. 전업주부로 지낸 5년은 커리어에서 가장 어두운, 광야의 시간이었다.

나만의 스토리로 기회를 만들다

창업 초기, 최인아책방의 상담 프로그램에서 더랩에이치 김호 대표를 일대일 코칭을 통해 만났다. 코칭 전에 이메일을 받았는데, 좀 더 만족스러운 코칭을 위해 사전에 나에 대해서 공부하기 위해서라고 쓰여 있었다. 다정하고 친절한 이메일에 코칭 전부터 마음이 따뜻해지고 만남이 기다려졌다. 90분의 한정된 코칭 시간이었지만 몰랐던 부분을 배웠고 아이디어도 확장할 수 있었다. 코칭 자격증이 필요했던 나는 리더십 진단 도구*Team Management System, TMP* 자격을 취득했다. 전문성을 보강하기 위한 스펙 쌓기는 얼마든지 혼자 할 수 있다. 문제는 자격증을 취득했다고 바로 코칭을 시작할 수는 없었다는 것이다. 또 한 번 김호 대표에게 조언을 구했다. 코칭을 간접경험하거나 연습할 수 있는 기회가 있는지 정중히 문의했다. 곧 구체적인 내용과 실행

가능한 몇 가지 안을 담은 회신이 왔다. 생각하지 못한 제안에 얼떨떨한 기분마저 들었다. 이메일 끝에 김호 대표가 쓴 마지막 문장에서 한참 눈을 뗄 수 없었다.

"전 대표님의 5년 공백이 결코 그냥 공백이 아니었음을 저는 믿습니다. 결국은 그런 공백이 있었기에 대표님에게 40대 이후에 재미있고, 돈도 벌리는 사업 기회가 왔다고 나중에 분명 인터뷰하실 거예요!"

이후 김호 대표와 프립_FRIP_에서 '스타트업 리더를 위한 코칭 대화' 세션을 함께 진행했다. 프립은 다양한 액티비티와 비즈니스 코칭까지 연결해주는 호스트 중심의 플랫폼 서비스 브랜드이다. 나는 퍼실리테이터로 참여할 기회를 제안받고 TMP 도구 진단과 결과 분석 세션도 맡아 진행했다. 이 과정을 준비하며 좀 더 풍부한 진단과 분석 경험을 위해 나와 김호 대표의 결과 디브리핑 세션을 리허설로 진행했다. 창고살롱 동료들과 함께한 TMP 분석[*]도 팀원과 동료 관점에서 진행해 뉴스레터 콘텐츠로 만들었다.

★ 창고살롱 뉴스레터 15호(https://url.kr/j3pfr1).

기회 자체에 대한 감사함에 더해 코칭 세션을 함께 진행하면서 생각하지 못한 귀중한 배움도 얻었다. 코칭에 참여한 스타트업 리더들의 조직 문화, 커리어 고민에 창업가로서 공감 가는 부분이 많았다. 고민과 경험의 시간을 나눈 내용이 코칭 참여자에게 좋은 레퍼런스가 되었다는 감사한 메모도 받았다. 이 모든 여정에서 제안요청서*Request for Proposal, RFP*와 제안서, 그리고 경쟁 프레젠테이션 과정은 생략되었다. 일에 관한 이전의 문법으로는 생각지 못한, 가능성에 기회를 준 감사한 경험이었다.

마지막 코칭 시간에 스타트업 리더에게 추천한 브레네 브라운의 《리더의 용기*Dare to Lead*》(갤리온, 2019)에 따르면 리더는 사람이나 아이디어의 가능성을 알아보고, 그 잠재력에 기회를 주는 용기 있는 사람이라고 한다. 파트너로서 기꺼이 나에게 코-코칭*co-coaching*을 제안한 김호 대표의 진정성 있는 리더십*authentic leadership*은 그런 것이었다. 그는 연재하던 《동아일보》 칼럼에 "경력 '단절'이 아닌 경력 '보유'"라는 제목으로 내 이야기를 소개했다. 자포자기하던 경력 공백의 기간, 다시 사회에 돌아와 일하게 되기까지 고군분

투했던 시간이 소개되었다.

　5년의 시간은 오히려 삶의 의미를 탐색하고 재발견해 길을 찾아갈 기회를 주었다. 과거의 나와 비슷한 상황에서 힘든 시간을 지나고 있을 누군가에게 용기와 영감이 되는 레퍼런서® 말이다. 나만의 서사를 긍정적 시선으로 재구성하고 의미를 생각해볼 수 있도록 기회를 준 건 창고살롱이기도 하다.

　지난 시간을 편집, 재구성하고 하나하나의 경험과 활동의 의미를 돌아보며 오늘의 나를 만든 인사이트를 정리해 발표한 '레퍼런서® 살롱' 준비 과정은 내겐 선물 같은 기회였다. 정리하고 나니 '지속 가능한 일과 삶'을 인생 주제 삼아 창업까지 하게 된 이유가 더 또렷하게 보였다. 삶의 전부라고 생각하며 일만 하고 지낸 워크홀릭 시절을 지나 엄마가 되면서 일만 하며 살 수는 없던 현실 속에서 엄마 역할과 저울질하며 답 없는 제로섬 게임(일 vs. 삶)에 지쳐갔던 시간들이 생각났다. 다시 현실 세계에 발을 붙이고 앞날을 생각하며 내 삶에 없어서는 안 될 중요한 한 부분*work IN life*으로서의 일을 고민하는 현재의 단계가 정리되었다.

커리어 공백 5년 동안 전업주부, 학부모 그리고 학생의 정체성으로 지내며 자아를 탐색하는 시간을 충분히 누렸다. 가장 효율적인 방식으로 최고의 결과를 내기보다 다양한 삶의 경험과 다채로운 사람과의 관계를 통해 좀 더 유연하고 공감할 줄 아는 사람으로 거듭났다. 경력이 잠시 멈춘 그 시간을 목적과 방향을 재정비하는 절호의 기회로, 나만의 고유성을 발견하고 재설계할 시간으로 나의 서사를 다시 만들어왔다.

김호 대표는 《직장인에서 직업인으로》(김영사, 2020)에서 요즘처럼 불확실성의 시대에서 일의 의미는 무엇인지, 일을 통해 어떻게 변하고 싶은지, 그리고 세상을 어떻게 변화시키고 싶은지 고민이 필요하다고 말한다. 《직업의 종말 *The End of Jobs*》(부키, 2017)을 쓴 테일러 피어슨은 '내가 원하는 것은 무엇인가?'란 질문에 답하지 못한다면, 다른 사람이 하는 것을 하고 싶어 하거나 다른 사람이 하는 것을 하게 된다고 경고한다. 자신이 하고 싶은 것에 대해 계속 질문하는 사람만이 새로운 직업을 만들어갈 수 있다.

사업 가능한 브랜드로
만들기 위한 질문

비즈니스 코칭에서 배운 사업의 성공 요소는 두 가지다. 그 일을 잘할 수 있는 '실력'과, 함께 일하고 싶은 사람이 되는 '매력'. '여성과 일'이라는 인생 주제를 일로 만들어 창업한 나의 스토리가 누군가에게 공감과 통찰이 될 수 있겠다는 희망을 보았다. 코칭 때 김호 대표에게 건넨 내 커리어 리부트의 첫 결과물인 《롤모델보다 레퍼런스》는 얼마 후 SBS 라디오 〈김선재의 책하고 놀자〉에서 추천 도서로 소개되었다.

어떤 기회는 갑자기 찾아온다. 퇴사 후 남아 있는 스킬은 영어와 엑셀뿐이라고 생각해 그 스킬로 도전 가능한 직업을 찾았다. 그 과정에서 취득한 영어 독서지도사 1, 2급 자격증과 테솔 증서는 스펙으로 남았지만 일이 되지 못했다. 하지만 나만의 이야기를 엮어 전하니 누군가 공감하는 스토리가 만들어지고 그 서사는 고유한 브랜드가 되었다.

1인 브랜드의 브랜드 전략은 곧 사업 전략이 된다. 창업가의 비전이 그대로 브랜드 핵심 가치에 반영된다. 오너의 취향과 가치관이 반영된 독립서점이나 카페 등을 떠올리면 쉽게 이해될 것이다. 나의 고민과 가치를 반영한 언어와 디자인으로 소셜미디어 계정을 하나 만들면 브랜드의 시작으로 충분하다. 어느덧 5년 차 브랜드가 된 창고살롱의 시작도 그러했다. 지속 가능함은 시작과 동시에 찾아오는 끝없는 고민 주제이지만 브랜드의 존재 이유, WHY와 핵심 가치가 명확하면 의사 결정이 빠르고 쉽다. 심플하고 일관되게 브랜드를 운영할 수 있다.

브랜드를 거창한 선언이 아니라 사업에서 반복 가능한 선택 체계로 만들기 위해 다음 질문을 생각해보자.

첫째, WHY(목적): 나는 왜 이 일을 하는가?

둘째, VALUE PROPOSITION(가치 제안): 누구에게 어떤 변화를 주는가?

셋째, PERSONA(페르소나): 내 이야기/'왜*WHY*'를 가장 필요로 하는 사람은 누구인가?

넷째, CHANNEL/Media(채널/매체): 어디서, 어떤 언어로 만날 것인가?

호모 헌드레드*homo-hundred* 시대다. 사회 변화가 가속화하고 은퇴 시기도 빨라진다. 누구나 인생에 한 번쯤은 1인 브랜드 창업을 고민해야 한다. 사회 초년생과 달리 40대 이후의 인생에는 누구나 자신만의 경험과 역량이 있다. 인생 주제가 무엇인지 아직 모호하다면, 자신만의 취향과 가치관을 정돈된 언어로 답하기 어렵다면 자신과 대화하는 시간을 꼭 가져보길 권한다. 답은 이미 안에 가지고 있다. 다만 이를 정리하고 기록할 시간을 따로 구분해 정해두는 환경을 설정할 필요가 있다.

자신의 'WHY'를 정하는 데서 출발해보길 권한다. 사이먼 시넥이 《스타트 위드 와이*Start with WHY*》(임팩터, 2025)에서 말하는 '골든 서클 이론'을 따라 자신만의 'WHY', 즉 목적이나 존재 이유를 생각해보자. 처음부터 명확하고 깔끔하게 딱 떨어지는 문장을 만나지 못할 수도 있다. 자신에게 질문을 던지고 주변 지인에게 피드백을 요청해보자. 생각을 정리하고 정보를 수집하려면 시간이 걸린다. 어떤 개념의 본질을 고민할 때 명사 말고 동사로 생각해보라는 조언을 많이 들었을 것이다. 삶의 'WHY'를 생각할 때도 동사로 표현해보자. 세계적 광고대행사 TBWA하쿠호도의 수석 크리에이티브 디렉터 호소다 다카히로도 《컨셉 수업》(알에이치코리아, 2024)에서 컵이라는 특정 대상에 집착하기보다 물을 운반한다는 본질에 집중하면 사고의 폭이 더 넓어진다고 소개한다. 이처럼 동사로 생각해보는 데 집중하면 새로운 아이디어를 떠올릴 수 있다.

내 경우는 '지속 가능한 여성의 일과 삶에 도움되는 영감을 전함으로써 더 행복한 세상을 만든다'라는 나만의 WHY를 정했을 때 과정*HOW*과 결과*WHAT*로 이어지는 여정이 자연스럽게 연결되었다. 커뮤니티 창고살롱도, 레퍼런서® 스토리를 발굴하고 콘텐츠로 전하는 일도 이 WHY에 기반한 다양한 결과물*WHAT* 중 하나이다. 새로운 일을 제안받거나 신규 사업을 구상할 때도 WHY가 의사 결정의 명확한 기준이 되어 명료하고 심플하다. 한 사람의 WHY는 일과 삶에서 다르지 않다고 사이먼 시넥은 말한다. 나도 동의한다.

누군가 이미 달성한 성취, 그 여정을 롤모델 삼아 답습할 수 없는 세상이다. 각자의 상황과 가치관이 다르고, 세상이 변화하는 속도는 따라가기 벅찰 정도다. 하지만 자신만의 길을 찾고 만들어가는 여정에 참고할 만한 다양한 레퍼런스는 꼭 필요하다. 없던 길을 내고 걸어가는 과정은 참으로 막막하고 어렵기 때문이다.

다양한 일과 삶의 변곡점에서 주체적으로 선택하고 자신만의 길을 만들어간 누군가의 스토리, 즉 레퍼런서® 서사는 그 자체로 영감과 용기가 된다. 업종이나 직업군에 제한받지 않아도 되고, 다양한 배경과 맥락과 성별에 한정되지도 않는다. 인생 선배일 필요도 없고, 세대를 가를 필요도 없다. 책이나 영화 등의 다양한 콘텐츠에서 레퍼런서®를 찾을 수도 있다. 자신과 비슷한 주변의 누군가를 롤모델이 아니라 레퍼런서®로 만나면 자극을 얻고 실행력을 늘릴 수 있을 것이다.

29장

지속할 수 있는

속도를 디자인 하라

어떤 기준으로 방향을 설정할 것인가

40대 중반은 대한민국의 중위 연령이다. 중위 연령이란 전체 인구를 나이순으로 줄 세웠을 때 한가운데 있는 연령대를 말한다. 여성 커리어의 M 자형 그래프대로 40대에 다시 일을 이어간 나는 10대 자녀들처럼 몹시 흔들리는 시기를 보냈다.

소셜벤처에서의 일은 대기업 업무와 결이 달랐다. '책 만들기'라는 목표는 있었지만, 프로젝트 기간과 예산, 그리고 누구와 무엇을 어떻게 진행할지에 대한 구체적 바운더리는 내가 정하기 나름이었다. 책 출판 자체가 핵심이라기보다 오히려 일을 해나가는 과정에 대해 끊임없이 고민하고 시행착오를 거듭하며 도전하는 일이었다. 진저티프로젝트에서는 누군가의 마음을 살피는 일, 왜 그 일을 해야 하는지를 이해하는 일이 우선시되었다. 하지만 나는 여전히 투자 대비 효율*return on investment, ROI*이나 최적화*optimization* 같은 업무 기준으로 보이지 않는 가치를 낭비와 비효율이라 여겼다.

어떤 사실은 한번 알면 이전으로 돌아가지 못하는 힘이 있다. 내겐 작지만 독특한 조직이었던 진저티프로젝트에서의 일이 그러했다. 보이지 않는 곳에서 마음을 쓰는 일, 어떤 일을 직접 수행하는 사람 옆에서 그 일이 되어가도록 관심과 애정과 용기를 전하는 일도 상상할 수 있는 사람으로 일의 범위가 확장되었다. 보이는 일 너머에서 그 일을 고민하고 티나지 않는 수고를 살피고 격려할 수 있는 아량을 배웠다. 사람이 제일 중요하다. 일은 그다음이다. 사람을 먼저 생각해 그 마음을 헤아리고 맥락을 이해하면 일은 저절로 된다. 속도는 조정하면 되지만 방향 축을 바꾸는 일은 시간과 에너지가 배로 든다.

결혼, 출산, 그리고 신앙의 인생 변곡점을 지나면서 내 삶의 가치관은 크게 변했다. 이 셋의 공통점은 시간이 지날수록 삶의 모든 영역에서 점점 더 영향을 미친다는 것이다. 엄마됨, 부모됨의 과정은 이기적이고 편협한 '나'라는 좁은 세계가 지속적으로 깨지고 부서지고 확장되는 경험이었다. 처음 엄마가 되었을 때는 아직 누구를 온전히 책임지고 돌볼 준비가 전혀 되어 있지 않았다. 신생아에게 엄마가 필요하다는 당위성으로, 또 출산을 앞두고 발목 골절 사고를 당하면서 어쩔 수 없이 육아휴직 6개월을 사용하면서도 빨리 복직하고 싶다고 생각했다. 집에서 아이를 돌보는 일은 회사에 출근할 때보다 훨씬 고되고 어렵고 힘들었다. 그런 생각은 좋은 엄마가 아니라는 죄책감을 가져왔다.

아이가 초등학교 입학을 앞두고 전업주부가 된 나는 양육자와 보육자에서 교육자 역할로 관심을 집중했다. 회사에서 전략 기획서를 잘 쓰고 로드맵을 잘 설계하면 일의 성과가 좋을 확률이 높다. 아이 교육도 최고의 효율로 최선의 입시 결과(?)를 낼 수 있는 전략 로드맵이 있겠다고 생각했다. 전투 모드 학부모의 역할은 3년을 넘기지 못했다. 업무와 달리 아이는 내 계획대로 따라주지 않을 때가 많았고, 그건 단지 부모됨의 역량 문제만은 아니었다. 내가 중요하다고 생각하는 것과 아이가 원하는 활동의 우선순위가 연속으로 충돌했다. 좋은 엄마가 되기 위해서 엄마표 교육 성공담을 담은 육아서에서 배운 점을 현실에 적용해보려는 욕심에 실패감만 커졌다. 나의 정보력과 열심과 노력으로 완벽한 육아를 할 수 있다는 생각이 문제였다.

아이가 기대에 미치지 못하는 성과를 보이면 자책하는 부모가 많다. '그때 그 교육을 안 시켜서 그런가? 그 학습지나 전집을 사주지 못해서, 학원을 보내지 않아서 부족한가?' 나도 이렇게 생각했다. 하지만 10대 끝자락에 다다른 아이들을 보며 이제는 말할 수 있다. 땅속에 묻힌 작은 씨앗이 햇빛과 물과 바람으로 저절로 싹을 틔우듯, 부모로서 내가 할 수 있는 일은 그저 따뜻하게 품어주고 바라보며 응원하고 기도하는 일로 충분하다는 걸. 잔소리도, 정보 추천도 자제하는 게 미덕이라는 반성은 일터에도 그대로 적용되었다. 넉넉한 태도와 여유로운 마음을 특별한 자질이라 생각해본 적은 없다. 사람을 대하는 방식은 직장 동료, 가까운 지인, 그리고 부부, 자녀에게도 그리 다르지 않은데 말이다.

힘 빼기의 통찰

잔뜩 긴장한 상태에서 책임감에 억눌려 일하면 금방 지친다. 피로감이 몰려오면 체력도 집중력도 급감해서 효율은 더 낮아진다. 창업하면 초기에 전력 질주하는 게 중요하다고들 말한다. 하지만 나는 조금 다른 경험을 했다. 뭐든지 힘을 빼는 방향으로 결정할 때 성장 기회가 왔다.

창고살롱 정규 시즌 프로그램은 콘텐츠를 읽고 보거나 다른 이의 이야기를 들으며 나에게 질문을 던지고 고민하는 시간으로 만들어진다. 특별한 기술이나 뾰족한 성과물을 비즈니스 언어로 잘 표현하기 어려운 워크숍 위주 대화 세션이 많다. 레퍼런서® 멤버들의 자발적 참여와 구상으로 열리는 소모임 살롱은 다채로운 프로그램이 많다. 추가 수익화를 위해 개설했던 클래스 위주의 살롱IN살롱 프로그램을 전면 폐지하고 소모임 살롱으로 대체한 결정은 실은 '뭣이 중헌디'와 '다 괜찮다'라는 마음에서 나왔다.

경영 관점에서 소모임 살롱은 계획과 예측이 어렵고 변동성이 큰 프로그램이다. 어떤 멤버가 가입할지, 무슨 주제에 역량과 관심이 있을지, 또 그 주제에 참여하고자 하는 대상은 있을지, 소모임 살롱을 열 수 있을지를 사전에 계획할 수 없다. 어찌 보면 한계가 명확하고 예측하기 어려워 불안정한 사업 기획이다. 하지만 소모임 살롱은 살롱 리더만의 스토리와 기획이 있는 유일무이한 상품이다. Point of Difference*PoD*, 브랜드 포지셔닝의 경쟁 우위인 차별성 *uniqueness*이 탁월한 프로그램인 셈이다. 《롤모델보다 레퍼런스》 저자 중 한 사람이 언젠가 내게 이런 이야기를 했다. "새로운 아이디어가 필요할 때, 프로그램 기획을 할 때 저는 창고살롱을 살펴봐요. 다른 곳에서 잘 볼 수 없는 재미있는 프로그램이 많이 열려요. 그 많고 다양한 살롱 아이디어를 혜영 님은 어디서 얻으세요?" 정말 뜻밖의 질문이어서 깜짝 놀랐다. 대학생이 참고하는 창고살롱이라니. 이보다 더 영광일 수가?!

'나다움'이 화두다. 진짜 나다움이란 뭘까? 좋아하고, 하고 싶은 일을 지금 당장 시도해볼 수 있는 형태로 구상하고 실천하는 게 나다움의 시작이 아닐까? 무에서 유를 만들어내는 과정은 누구에게나 엄청난 에너지와 용기를 필요로 한다. 망설이고 고민하고 걱정만 하는 누군가가 시작할 수 있도록 동력을 만들어내는 일, 마라톤의 페이스메이커처럼 누군가의 곁에서 페이스(속도)를 만들어내는 역할이 살롱지기의 일이다.

나는 마흔이 넘어서야 이런 조연 역할이 진짜 일이라는 사실을 알았다. 내가 새로운 문을 열고 길을 내도록 지지해준 존재가 있었던 것처럼, 나도 누군가의 어떤 시작에 넛지를 보태는 '쿡쿡 찌름력'을 계속 발전시키려고 한다. 마흔은 진짜를 알고 시작해볼 용기를 낼 수도, 또 용기를 줄 수도 있는 인생의 귀한 중간 지점이다.

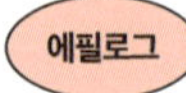

다음
챕터의
시작을
앞두고

10년 동안의 직장 생활을 정리하고 전업주부가 되었을 때 두 아이는 각각 일곱 살과 네 살이었다. 첫째 아이는 작년에 고 3 입시를 치렀고, 새해에 성인이 되었다. 둘째 아이도 벌써 고등학교 2학년이 된다. 남편은 막 50대를 시작했다. 세월이 변하는 동안 회사 밖에서 나만의 속도와 방식으로 12년을 지냈다. 5년간은 오롯이 엄마라는 이름으로, 7년간은 사회로 돌아와 여러 프로젝트를 만들고 다양한 사람들과 연결을 이어왔다.

이 책의 프롤로그와 에필로그를 쓰는 작업 막바지 구간에서 뜻밖의 연결이 일어났다. 어쩌면 '또' 다음 연결이라는 표현이 더 정확하겠다. 커뮤니티 오피스 헤이그라운드의 같은 층에 있는 협동조합 무의 홍윤희 이사장의 SNS에서 《콜링*Calling*》(이분의일, 2025)이라는 책을 접하고 단숨에 읽었다. 이 책의 저자는 사회적 기업 에이아이웍스 윤석원 대표로, 삼성전자의 S급 수석 자리를 그만두고 경력보유여성 채용을 위해 사업을 시작했다. 나는 북토크 행사에서 사인을 받으며 용기 내어 그에게 커피챗을 요청했다. 우연이 계속되어 임팩트 생태계 리더 모임인 '헤이 리더스'에서도 윤 대표를 초청해 임팩트 리더 대화 세션을 열었다. 첫째 아이의 수능 전날, 두 번째 만난 자리에서 나는 윤 대표에게 제안할 경력보유여성 교육 사업 제안서 초안을 다듬었다. 그리고 수능날이기도 했던 그다음 날, 지인에게 전화 한 통을 받았다. 마케팅 경력과 소셜 생태계 경험이 있는 사람을 추천해달라는 윤 대표의 부탁에 내가 생각났다고 했다. 그렇게 경력보유여성 사업 제안을 염두에 두고 요청했던 커피챗이 오히려 다른 제안을 받는 미팅이 되었다.

풀타임 직장인으로 복귀하는 게 가능할까? 그토록 열정을 불사르며 애정하던 브랜드 전략 일을 다시 잘해낼 수 있을까? 인생 주제인 '지속 가능한 여성의 일과 삶'이라는 어젠다를 어떻게 통합하고 확장할 수 있을까? 걱정과 염려가 차고 넘쳤다. 더 다양한 레퍼런서®를 발견하고 연결하는 미션을 따라 여러 일을 할 때는 대부분의 의사 결정이 심플했다. 사람들을 환대하고 나는 조연이 되리라는 원칙이 유일한 잣대였다. 그런데 이번 제안은 오랜만에 조금 어려웠다. 그때 경력보유여성 사업 아이디어를 모두 갖고 오면 좋겠다는 윤 대표님의 제안이 상황을 다시 간단하게 정리해 주었다. 이제 내가 할 수 있는 일과 할 수 없는 일을 다시 결정하고 정리할 때다.

퇴사 12년 만에 다시 풀타임 직장인으로 다음 커리어 여정을 앞두고 이 책을 세상에 소개할 수 있음에 감사하다. 'No name' 경력보유여성에서 기획편집자 'Somebody'로 책 《롤모델보다 레퍼런스》를 출간하며 에필로그에 더블유플랜트*W Plant* 창업을 처음 알렸다. 이 책의 에필로그에도 나의 또 다른 다음 여정을 소개하는 게 어쩐지 낯설지 않다.

많은 분의 인내와 사랑 덕분에 이 책이 세상에 소개될 수 있었다. 특별히 편집자 Y 님과 M 님, 그리고 지난한 글쓰기 여정에서 곁을 지켜준 남편, 늘 분주하고 정신없지만 엄마의 진심을 곡해하지 않는 은총이와 은별이, 묵묵히 지지해준 친정 부모님께 감사의 마음을 전한다.

2026년 1월

발리에서

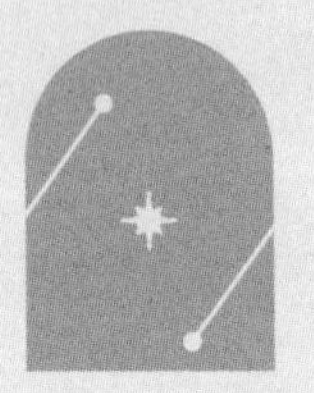

일의 경로를 재탐색합니다

1판 1쇄 인쇄 2026년 3월 11일
1판 1쇄 발행 2026년 3월 25일

지은이 전혜영
펴낸이 고병욱

기획편집1실장 윤현주　**책임편집** 신민희
마케팅 안선욱 황혜리 황예린 권묘정 이보슬　**디자인** 공희 백은주
제작 김기창　**관리** 주동은　**경영지원** 노재경 송민진

펴낸곳 청림출판(주)
등록 제2023-000081호

본사 04799 서울시 성동구 아차산로17길 49 1010호 청림출판(주)
제2사옥 10881 경기도 파주시 회동길 173 청림아트스페이스
전화 02-546-4341　**팩스** 02-546-8053

홈페이지 www.chungrim.com　**이메일** cr1@chungrim.com
인스타그램 @chungrimbooks　**블로그** blog.naver.com/chungrimpub
페이스북 www.facebook.com/chungrimpub

ⓒ 전혜영, 2026

ISBN 978-89-352-1505-8　03320